创新型大学生素质教育精品教材

新编大学美育教程

◉ 主审　尹江艳
◉ 主编　王珂菲　赵　倩　朱旭泽

教·学
资　源

航空工业出版社
北　京

内容提要

本书首先对美育和审美的概念做了清楚的阐释，准确揭示了美的本质内涵，然后具体介绍了各个领域的美，使读者对美的各种表现了然于心，从而提升读者的审美能力和人文素养。全书共分为五个单元，分别是“诗意的栖居：大学美育”“曼妙的世界：自然美”“心灵的旋律：艺术美”“人生的境界：辞章美”“智慧的火花：科技美”。

本书内容丰富，结构清晰，体例新颖，讲述生动，可作为各类院校学生进行美育学习的通用教材。

图书在版编目（CIP）数据

新编大学美育教程 / 王珂菲，赵倩，朱旭泽主编
. -- 北京 : 航空工业出版社，2023.6（2025.2重印）
ISBN 978-7-5165-3370-3

Ⅰ. ①新… Ⅱ. ①王… ②赵… ③朱… Ⅲ. ①美育－高等学校－教材 Ⅳ. ①G40-014

中国国家版本馆CIP数据核字(2023)第088089号

新编大学美育教程
Xinbian Daxue Meiyu Jiaocheng

航空工业出版社出版发行
（北京市朝阳区京顺路 5 号曙光大厦 C 座四层 100028）
发行部电话：010-85672666 010-85672683 读者服务热线：010-85672635

北京鑫益晖印刷有限公司印刷 全国各地新华书店经售
2023 年 6 月第 1 版 2025 年 2 月第 2 次印刷
开本：787×1092 1/16 字数：174 千字
印张：9.75 定价：49.80 元

本书编委会

前言

PREFACE

美是纯洁道德、丰富精神的重要源泉。学校美育工作是立德树人、培根铸魂的事业。2020年10月，中共中央办公厅、国务院办公厅印发《关于全面加强和改进新时代学校美育工作的意见》（以下简称《新时代学校美育意见》），旨在全面加强和改进新时代学校美育工作，切实提高学生的审美和人文素养。

《新时代学校美育意见》指出：“以立德树人为根本，以社会主义核心价值观为引领，以提高学生审美和人文素养为目标，弘扬中华美育精神，以美育人、以美化人、以美培元，把美育纳入各级各类学校人才培养全过程，贯穿学校教育各学段，培养德智体美劳全面发展的社会主义建设者和接班人”“高等教育阶段将公共艺术课程与艺术实践纳入学校人才培养方案，实行学分制管理，学生修满公共艺术课程2个学分方能毕业”。

为贯彻落实新时代党对美育工作的新要求，让美育工作在高校落地、落实、落细，充分发挥美育独特的育人价值，我们编写了这本《新编大学美育教程》。本书在准确揭示美的本质内涵的基础上，以众多实物、实景图片为例，运用浅显易懂的语言，全面、系统地讲述了各种美的具体内容及其价值。通过对《新编大学美育教程》的学习，学生不仅能够培养基本的审美能力，还可以通过贴近生活实际的内容获得教益，产生积极的生活情趣和审美追求。

具体来说，本书具有以下特色。

1 立德树人，弘扬美育精神

党的二十大报告指出：“育人的根本在于立德。”本书有机融入党的二十大精神，扎根时代生活，遵循美育特点，弘扬中华美育精神，推动美育工作。本书在每个单元中均设有丰富的模块，将素质教育与教材内容相结合，引导青少年寻找人生意义，提高青少年的审美和人文素养，促进祖国青年一代身心健康成长，追求更高、更深、更远的境界，力求培养德智体美劳全面发展的社会主义建设者和接班人。

2 校企合作，对接职业需求

本书切实践行“以学生为主体，以教师为主导，以能力为根本”的教育理念，充分考虑了教学大纲要求与企业需要，注重提升教材的职业属性，强调内容的实用性与针对性。本书每节设有“践美之行”模块，从而真正做到以学生为中心，让学生在学习中体验美、感知美，化被动为主动，发展创新思维，快速提高综合素养。

3 资源豪华，教育平台支撑

本书配备了数量众多、制作精良的微课，内容涉及美景欣赏、名曲欣赏、影视欣赏、诗歌朗诵等，使学生在视听盛宴中充分领略美的文化，陶冶情操，充实心灵。

与此同时，为了方便学校管理、教师教学和学生自学，本书与我们研发的一款集教学管理、教学支撑于一体的综合性教育平台“文旌课堂”（www.wenjingketang.com）深度绑定。学校可借助该平台管理校本课程，教师可借助该平台管理各种教学资源（如教学课件、微课视频等）、布置作业、组织考试，学生可借助该平台阅读课外资源、提交作业、进行线上练习、参加考试等。师生在教与学的过程中有任何疑问，都可以登录该平台寻求帮助。

4 全新形态，创新美育学习

本书每节设有“寻美之旅”“探美之源”“析美之美”“践美之行”等模块，既可以让学生循序渐进地认识美、了解美、爱上美、创作美，又增强了内容的可读性、趣味性、欣赏性，同时弘扬了中华美育精神，加强了爱国主义教育。此外，这些模块选取的内容非常贴近学生的实际生活，可使他们产生代入感和共鸣感。例如，在“辞章美”的“析美之美”中，有意引入了爱情诗词，目的在于引导学生正确认识爱情，使其树立正确的爱情观；在“践美之行”中，设计了诵咏《诗经》名篇、让唐诗带“我”去旅行、从歌词中找宋词等活动，激发学生去体验美、创作美。

5 印制精美，令人赏心悦目

本书含有大量高清、精美的图片，与正文内容相互衬托，相得益彰，给学生带来轻松愉悦的阅读体验。本书的版式设计极富艺术气息，令人赏心悦目，使学习的过程也成为审美熏陶的过程。

本书由尹江艳担任主审，王珂菲、赵倩、朱旭泽担任主编，关迪、宋佳妮、薛佳辉、吴婧怡、孙静、贾辉、孙玲玲担任副主编，陈玉秋、梁海臣、苏鹏、岳媛、徐景新、赵园园参与编写。本书特别感谢吉林市统战文化中心的支持。由于编者经验和水平有限，书中可能存在疏漏与不妥之处，诚请广大读者批评指正，并将意见及时反馈给我们，以臻完善。

特别说明：

（1）本书在编写过程中，参考了大量的资料并引用了部分文章和图片等。这些引用的资料大部分已获授权，但由于部分资料来自网络，我们未能确认出处，也暂时无法联系到原作者。对此，我们深表歉意，并欢迎原作者随时与我们联系，我们将按规定支付酬劳。

（2）本书没有注明资料来源的内容均为编者根据事实改编。

目录

CONTENTS

1

第一单元　诗意的栖居：大学美育

单元导读

美育是素质教育中不可或缺的组成部分。美育不仅能够启迪我们的心灵，提升我们的审美素养，还能让我们遨游在美的海洋中，聆听那幽远缥缈的天籁之音，品味那如梦如幻的舞台人生，观赏那笔简意繁的山水之作……从而使我们领悟人生的真谛，点亮人生的明灯。

第一节 什么是美

寻美之旅

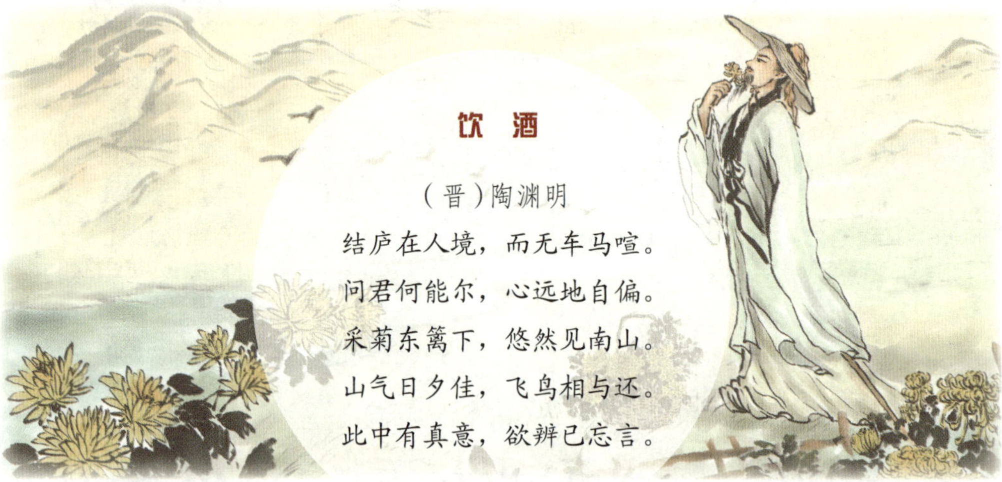

这首诗叙述了陶渊明的隐居生活。诗人在劳动之余，饮酒之后，在晚霞的辉映之下，采菊东篱，遥望南山，人景融为一体，构成了一道美好的风景。全诗清新自然，表现出诗人与世无争、怡然自得的精神境界。

因为诗人具有超凡脱俗的品性和对人生的深刻理解，所以在他看来，大自然中寻常的景色散发出无争、平淡、恬静的韵味，这种韵味也让读者在诗中找到了心灵的栖居地，得到了精神上的极大满足。

反观现代社会，又有多少人能有如此心境？现在的生活比以往任何时候都舒适，但似乎现在的人们比以往任何时候都更难维持平和的心境。假如心已被物欲的喧嚣所填满，又何谈拥有平和的心境呢？

著名美学家朱光潜在《谈美》中告诉我们，凡是美都要经过心灵的创造。生活原本就是充满诗意的，诗意的生活可以带给我们精神的享受，更会让我们拥有一双发现美的眼睛、一颗感受美的心灵和一种创造美的智慧。生活中到处都有美的存在，让诗意的心灵带领我们走进“美”的殿堂，在美的熏陶中创造更加绚烂的人生吧！

探美之源

一、美的本质

美是能够引起人们美感的客观事物的一种共同的本质属性。客观事物是人们产生美感的基础。人们不自觉地被客观事物唤起美感，从而获得美的享受和精神上的感染。例如，当人们看到寒冬傲立于枝头的梅花时，便会想到坚韧不屈的高尚品格，如图1-1所示；当人们看到苍翠挺拔的竹子时，便会产生奋发向上的进取之心，如图1-2所示。

美是什么？

图1-1 寒冬傲立于枝头的梅花

图1-2 苍翠挺拔的竹子

积极性是人们区分美与丑的根本标准。如果某件事物能够使人的情感和精神发生积极向上的变化，就可以说它是美的，如和谐流畅的琴声、悦耳的鸟鸣、欢快爽朗的笑声。反之，如果某件事物使人的情感和精神发生消极甚至痛苦、悲观的变化，就可以说它是丑的，如刺耳的刹车声、虚伪的谎言、荒唐的迷信思想。

现实生活中，美时时都有，处处都有。我们可以徜徉其中，去观察，去聆听，去发现……当然，美在艺术领域中更为精彩。艺术家通过音乐、舞蹈、绘画、雕塑、建筑、文学、戏剧、影视、工艺、书法等艺术形式把人的情感和精神境界展示出来，构成了五光十色、万紫千红的“美的长廊”，如图1-3至图1-5所示。

但要注意的是，艺术是对美进行反映的一种文化样式，并不是所有美的事物都是艺术。艺术来源于生活，但又高于生活，只有将自然美和生活美进行再创造才能构成艺术，没有经过加工和再创造的自然美和生活美都不能称为艺术。

图1-3 《花果蜜蜂》（齐白石）

图1-4 舞蹈《雀之灵》

图1-5 草间弥生装置艺术作品

二、美的特征

美的特征包括形象性、感染性、认同性、时空性和创造性。

1. 形象性

图1-6 险峻的华山

美的事物是可感知的，它以具体的感性形象作用于欣赏者的感官，使欣赏者获得一种直接的美的享受。无论是华山之“险”（见图1-6），泰山之“雄”，还是莫高窟佛像中斑斓的色彩，抑或米开朗琪罗笔下大幅壁画震撼、悲壮的气势，都是通过鲜明生动的感性形象呈现出来的。即使是人的心灵美，表面上好像看不见、摸不着，但它实际上仍然离不开感性的形态，需要通过人们的社会实践、言谈举止才能体现。

2. 感染性

美的感染性是指美能够以情感人，使人们得到精神上的愉悦和升华。形美以感目，音美以感耳，意美以感心。无论是登上泰山观赏壮丽奇观，还是聆听贝多芬的《第九交响曲》，都会使人陶醉。这是因为，无论是自然形象还是音乐形象，它们的美都具有巨大的感染力。美的事物无处不在，人们随时随地可以受到美的影响，从而唤起热情，激发理想和信念。

大师巨匠

贝多芬（见图1-7）的《第九交响曲》倾尽了他数十年的心血，是其音乐生涯中的登峰造极之作。该作品于1824年5月7日在维也纳首演，获得了巨大的成功。贝多芬通过该作品表达了人类寻求自由的斗争意志，并坚信这场斗争最后一定会以人类的胜利而告终，人类必将获得欢乐和团结友爱。作品中的合唱部分以德国著名诗人席勒的《欢乐颂》为歌词谱曲而成，伴随着激情澎湃的唱词和急速雄壮的旋律，唱出了人们对自由、平等的热切盼望，堪称整部作品的精髓。

图1-7　贝多芬

3. 认同性

虽然不同社会形态、不同文化背景下的人们对美的具体评价标准有所不同，但美还是具有普遍的社会文化认同性的。例如，崇尚自然是中国人自古以来普遍的审美趣味，因此在中国园林艺术上，人们不断追求自然美与人工美的高度统一，偏好山水与建筑融为一体的园林风格，如图1-8所示。又如，在日常生活中，品德高尚、助人为乐的人常常被世人赞美，而自私冷漠和伤害他人的人，必将为人们所厌恶。

4. 时空性

任何美的事物都存在于一定的时空中，因此美具有时空性。美的时空性体现在时间和空间两个方面。例如，百花争艳的景象出现在春天，硕果累累的景象出现在秋天；想要领略茫茫的草原最好去北方（见图1-9），想要体会烟雨蒙蒙最好去江南。另外，美有时只出现在特定的时空中。例如，歌声是优美的，但在图书馆等需要保持安静的场所唱歌，歌声就变成了噪声。

图1-8　苏州园林

图1-9　鄂尔多斯草原

5．创造性

随着社会的进步，人们对美的要求不断提高，美在人们的生活中不断被创新、优化和完善。美的创造性是人们不断实践的结果，人们会按照自己的意愿和美的规律重新创造自然美、生活美和艺术美。例如，自然美是被人们发现的，这种发现本身就包含着创造，而普通的山水风景经过人们的艺术加工成为风景名胜区，更是对自然美的再创造。生活中的物品、服饰是人们在劳动中创造的美，这些美同时也在历史发展中千变万化、推陈出新。艺术美的创造性则更加明显，艺术作品要在内容和形式上不断突破，以带给人们全新的美的享受。

析美之美

一、表演之美

表演艺术是通过人的演唱、演奏或动作、表情来塑造形象，传达情绪、情感，进而表现生活的艺术。表演艺术主要包括音乐、舞蹈、戏剧、杂技、魔术等。

在表演艺术中，音乐和舞蹈因为有着强大的艺术感染力而被人们喜爱。例如，舞蹈《朱鹮》（见图1-10）中，伴随着悠扬的音乐，演员们舞姿婀娜，神态优雅，将朱鹮的纯美、洁净、典雅和高贵刻画得惟妙惟肖，呈现出诗画般的意境，赢得了观众的赞叹。

图1-10 舞蹈《朱鹮》

二、造型之美

造型艺术是指艺术家运用一定的物质材料（如颜料、纸张、泥石、木料等），塑造静态的视觉形象的艺术，主要包括绘画、雕塑、书法、摄影、建筑、工艺美术等。造型艺术往往会受到艺术家主观思想的影响，反映出社会生活和艺术家内在的思想情感。

例如，北宋画家张择端的《清明上河图》，画卷共5米多长，绘制了数量庞大、各具特色的人物，牛、骡、驴等牲畜，以及车、轿、大小船只、房屋、桥梁、城楼等，体现了宋代的城市风貌和画家对社会生活的洞察力，如图1-11所示。敦煌莫高窟的佛像，造型古朴浑厚，规模宏伟，面相端庄，栩栩如生，反映了当时社会佛教文化的兴盛，如图1-12所示。

图1-11 《清明上河图》局部（张择端）

图1-12 敦煌莫高窟第一大佛

三、语言之美

语言艺术是以语言为媒介来塑造形象、表达情感的艺术。语言是抽象的文字符号，因此需要读者对语言符号进行理解，并运用丰富的想象力来欣赏语言艺术之美。

例如，文学作品中，一般通过适当的文字组合搭配和比喻、借代、比拟等修辞手法来营造艺术美感。

例如，沈从文在《边城》中写道：“翠翠在风日里长养着，故把皮肤变得黑黑的，触目为青山绿水，故眸子清明如水晶。自然既长养她且教育她，为人天真活泼，处处俨然如一只小兽物。”文中通过将翠翠比喻为“小兽物”，勾勒出天真活泼、心地单纯的人物形象，并从她身上折射出湘西淳朴的人性美和自然美。

践美之行

一、课下阅读

在朱光潜的《谈美》、宗白华的《艺境》、李泽厚的《美的历程》三本书中任选一本阅读，感受美学的“诗意”精神。

二、课下写作

当代学者林庚说：“诗的本质就是发现。诗人要永远像婴儿一样，睁大了好奇的眼睛，去看周围的世界，去发现世界的新和美。”

川端康成说：“凌晨四点钟，看到海棠花未眠。”

梭罗在《瓦尔登湖》里提出一个概念是“黎明的感觉”，即每天睁开眼睛看到黎明，就像获得新生。

请根据材料，从“诗意地活着”“善于发现美”“热爱大自然”等角度写一篇不少于800字的作文。

提示：要写好这篇材料作文，首先要细读、品味所给的材料。写作时要紧扣材料要点。材料的三段话有一个共同点，就是告诉我们要有一颗敏感、细腻的心，要保持天真和好奇，努力发现世界的美，发现生活中的诗意和美好。林庚先生的话重在“发现”世界的新和美；川端康成先生在凌晨四点人们都熟睡的时候，看到海棠花依然开着，爱怜地形容为“花未眠”；梭罗提出在平凡的生活中要有“黎明的感觉”，对新事物满怀期待。

第二节 美的表现形式及分类

寻美之旅

提起敦煌，人们自然而然地就会想到那些石窟壁画中的飞天形象，如图1-13所示。飞天因其眉清目秀、体态俏丽、飘逸飞舞、灵动优美的浪漫形象而深受世人喜爱。它反映出佛教美学思想与我国传统美学思想的交融、传承、演变。飞天是中华文化的艺术瑰宝和重要的民族符号，展现了中国人对美的不懈追求。

图1-13 敦煌莫高窟飞天壁画（摹本）

历史是一部美的百科全书。历史长河淹没了岁月，但留下了无数美的事物，有灵动优雅的艺术之美，有充满智慧的科技之美，有诗情画意的自然之美……这些数量浩繁的美向人们展示了漫长的社会历史图景，给人以美的感受，让人为之震撼。

探美之源

一、美的表现形式

生活中，美无处不在，无时不在，但是感受美的方式和途径是不同的，人们可以看到美，听到美，触摸到美，品尝到美，体会到美。美是事物的属性，不同的事物有着不同的美的表现形式。总体来看，美的表现形式主要有以下几种。

美的表现形式

1. 视觉形象

视觉形象是事物存在的一种基本形态，也是美的主要表现形式之一。可视性、直观性是视觉形象最显著的特点。无论是自然美、生活美，还是艺术美、科技美，都可以用直观的视觉形象来表现。例如，作品击鼓说唱俑（见图1-14）通过生动传神的面部表情和憨态可掬的动作造型，为人们展现了东汉时期的民间气息和地方风情。

图1-14 东汉击鼓说唱俑

2. 真实情境

真实情境是自然美和生活美的一种表现形式，是现实生活中真实存在的场景。例如，自然界中雄伟的山、和煦的晨光（见图1-15）、清澈的溪水让人感到豁然开朗、轻松愉悦；日常生活中的热闹场景、欢乐氛围（见图1-16）让人感到幸福、快乐。

图1-15 和煦的晨光

图1-16 傣族泼水节的欢乐氛围

3．文化意象

文化意象是人的一种情感符号，是人们思想美和精神美的主要表现形式。人们以客观事物为依托，通过想象和联想，赋予客观事物一定的思想和精神内涵，使其成为一个个文化意象，以此来表达自身的情感。例如，“圆”是中华文化中的一个重要精神符号，它寄托着古人对圆满、团圆的美好期望。在设计中，我们经常会看到一些中式圆的运用，这些圆使作品展现出含蓄、古典的中式风情，如图1-17所示。

图1-17　古典园林中的圆拱门

4．感官知觉

感官知觉是人们通过品尝、触摸、聆听等亲身体验获得的，它是香甜之美、舒适之美、快意之美的主要表现形式。例如，品尝水果（见图1-18）时感受到甜美，春风拂面时感受到凉爽，触摸棉被时感受到柔软和温暖等。

图1-18　各种各样的水果

5. 心理感受

心理感受是情感美的表现形式。心理感受既可以从日常生活中获得，也可以从文学和艺术作品中获得。例如，当朋友向遇到困难的我们伸出援助之手时，我们会被这种雪中送炭的友情所感动；阅读朱自清的散文《背影》时，我们会被字里行间浓浓的父爱所感动。这些情感美都是以心理感受的形式存在的。

二、美的分类

美的类型

按照美依附的客观事物的性质，可以将其分为自然美、生活美、艺术美、文字美、辞章美和科技美六大类。

1. 自然美

自然美就是自然界中自然生成的事物的美，它是客观事物本身具有的自然属性，是脱离人而独立存在的。自然美是一切美的基础，其他各种美都是在自然美的基础上来创造的。大千世界中，自然事物形式多样，千姿百态。日月星辰、山川草木、花鸟（见图1-19）虫鱼、江河湖泊、云霞雷电等事物的美，都属于自然美的范畴。

2. 生活美

生活美是指人们为了满足生活需要，通过劳动创造的一切物质所表现出来的美。生活美渗透在人们衣食住行的各个方面，并呈现出多姿多彩的特点。现代社会中，人们的生活质量不断提高，对美的追求也日益鲜明。例如，人们在服饰上追求精致考究的面料和新颖的款式（见图1-20），在居住空间上追求个性化的装饰，在饮食上追求绿色、健康、营养的食物搭配，等等。

图1-19　大自然中的鸟语花香

图1-20　精美的服饰

3. 艺术美

艺术美是艺术家以自然和生活为基础，通过对自然美和生活美的提炼和加工，呈现于艺术作品中的美。艺术美综合了艺术家的个人观点、时代精神以及其对自然和生活的感悟，因此它比自然美具有更强的思想和情感引导力，比生活美更加集中和典型，更能鼓舞人的精神。音乐美、舞蹈美、绘画美、雕塑美、建筑美、戏剧美、影视美等都属于艺术美。

4. 文字美

文字是记录人的语言和思想感情的符号。文字之美主要表现在两个方面。一是文字形体的图画美，如汉字的对称结构美，创作者将笔画合理组合，使其中规方正，均衡对称，巧妙运用，可以描述万物之形，表达多种感情；再如汉字的书法美，行书、草书（见图1-21）、楷书……一笔一画间，变化无常，让人无限感慨。二是文字表意的内涵美。汉字抽象于万物，却又不失形象。它就像一幅画，生动地表现了文字的内涵。

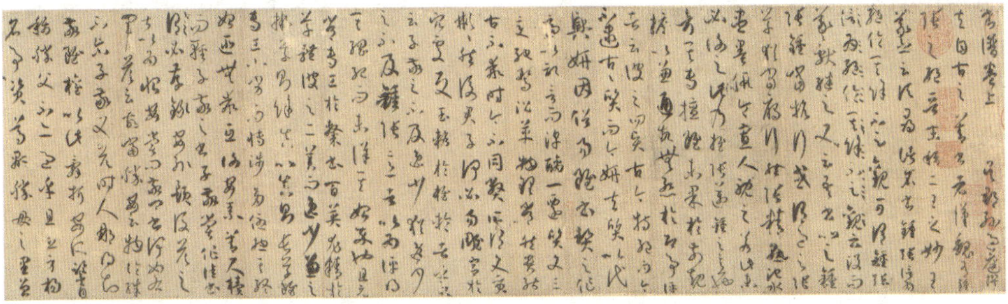

图1-21 《书谱》局部（孙过庭）

5. 辞章美

辞章美主要指文学作品呈现出的美，不仅包括文学作品中的思想美、形象美和意境美等，还包括语言本身的韵律美、词义美、修辞美和语法美等。优美的文学作品能让人们的心灵获得宁静，找到归宿。

6. 科技美

科技美是指在自然科学（如数学、物理、化学、生物学等）中广泛存在的科技产品及技术所呈现出来的美。人们在理解了科学真理之后，会感到心满意足、精神愉悦，还会产生成就感和自豪感。因此，感受科技美要求人们对科学知识有一定的理解能力。

析美之美

一、荷花之美

荷花（见图1-22）是人们常常咏颂的自然事物，荷花的美牵动了古今无数文人墨客的心。宋代周敦颐在著名的《爱莲说》中热情洋溢地歌颂它：“出淤泥而不染，濯清涟而不妖，中通外直，不蔓不枝，香远益清，亭亭净植，可远观而不可亵玩焉。”朱自清在《荷塘月色》中写道：“曲曲折折的荷塘上面，弥望的是田田的叶子。叶子出水很高，像亭亭的舞女的裙。层层的叶子中间，零星地点缀着些白花，有袅娜地开着的，有羞涩地打着朵儿的；正如一粒粒的明珠，又如碧天里的星星，又如刚出浴的美人。”人们爱荷花，爱它的高风亮节、婀娜多姿，如图1-23所示。

除了形态和品质，荷花的美还在于它的清香。夏日里，丝丝微风吹过荷塘，荷塘里到处都飘着荷花的清香。人们常说“荷香幽幽”，荷花的香不像昙花那样浓烈，也不像桂花那样香甜，而是一种淡雅的清香，沁人心脾。

图1-22　荷花

图1-23　荷塘月色

二、水墨之美

中国的水墨画以墨为本色，经调配墨的浓度后，由柔软而富有弹性的毛笔在宣纸或绢帛上作画而成。其讲究笔墨神韵，墨中的加水量不同，画出的浓淡层次也不同。

例如，国画大师齐白石画虾时先用淡墨掷笔，绘成虾的躯体，再浸润些许颜色，然后以浓墨竖点睛，横写为脑，落墨成金，笔笔传神。躯壳的透明和虾的重量被这由浅到深的墨色表现了出来。而虾的腰部，一笔一节，连续数笔，形成了由粗渐细的虾腰节奏。虾的尾部也是寥寥几笔，既表现出弹力，又有透明感。虾的一对前爪，由细而粗，形似钳子，有开有合。虾的触须用数条淡墨线画出。长须布置得当，其线条似柔实刚，似断实连，直中有曲，乱中有序，如图1-24所示。

整体来看，群虾神态各异，似在水中嬉戏游动，触须也似随虾身晃动。整幅画充分表现了齐白石用墨功夫之精妙。欣赏者在亲近自然、爱护自然、理解自然的内心感悟中与画家有了共鸣，亦能感到一种积极向上的生活乐趣。

图1-24 《虾》局部（齐白石）

三、音韵之美

诗歌中蕴含的不仅仅是文化的精髓，同样也是音乐的灵魂。一句句脍炙人口的词，一首首婉转悠扬的曲，呈现给人们和谐整齐的感官审美效果。

例如，苏轼的《水调歌头·明月几时有》：

明月几时有？把酒问青天。不知天上宫阙，今夕是何年。我欲乘风归去，又恐琼楼玉宇，高处不胜寒。起舞弄清影，何似在人间。

转朱阁，低绮户，照无眠。不应有恨，何事长向别时圆？人有悲欢离合，月有阴晴圆缺，此事古难全。但愿人长久，千里共婵娟。

这首词的节奏舒缓而和谐，轻松而缓慢，抒发了诗人深沉婉转的感情，反映出他因政治上不如意而与亲人多年不能团聚而产生的愁绪。

郭沫若的《凤凰涅槃》表达的则是高昂、舒畅、欢快的感情：

……

我们新鲜，我们净朗，
我们华美，我们芬芳，
一切的一，芬芳。
一的一切，芬芳。
芬芳便是你，芬芳便是我。
芬芳便是他，芬芳便是火。
火便是你。
火便是我。

火便是他。
火便是火。
翱翔！翱翔！
欢唱！欢唱！

我们热诚，我们挚爱。
我们欢乐，我们和谐。
一切的一，和谐。
一的一切，和谐。
和谐便是你，和谐便是我。
和谐便是他，和谐便是火。
火便是你。
火便是我。
火便是他。
火便是火。
翱翔！翱翔！
欢唱！欢唱！
……

全诗用“芳”“翔”“唱”这些押韵词烘托出响亮、激昂的情调。诗人把祖国比喻成凤凰，借助对凤凰传说的新阐述，宣告和谐、欢乐的新时代已经到来。

践美之行

一、课下活动

班级组织一次周末郊游，可以去附近的公园，也可以去周围的旅游景点。要求每个人拍摄一组以“自然美”或“生活美”为主题的摄影作品，用手机、相机拍摄均可，然后在班级内评选出优秀作品。

二、阅读与朗诵

朱自清的散文以抒情而闻名，请同学们阅读他的散文集《背影》《你我》，从中选出最喜欢的一篇在课堂上朗诵，并分享自己喜欢它的原因。

第三节 美育及其作用

寻美之旅

美，不仅包括外在形式上的美，还包括内在的心灵美。不可否认，一个人的外在美可以吸引大多数人的目光，给人留下良好的第一印象，但是，真正能长久让人记在心里的，还是一个人的心灵美。

心灵美不是可以随意表现出来的，真正的心灵美源于一颗善良、有爱的心。当你敞开心扉去感受心灵之美时，便会发现生活的美好。例如，父母无私的爱如一盏明亮的灯，为我们照亮前方的路，如图1-25所示；陌生人无私的帮助，如春风拂面，为我们的世界带来温暖，如图1-26所示；老师的批评如同一把修枝剪叶的剪刀，为我们剪去旁枝败叶，让我们更茁壮地成长。

图1-25 父子情

图1-26 志愿者带领孩子过马路

探美之源

美育是引导学生感受美、欣赏美，进而创造美的审美教育活动。它借助大自然、社会生活及艺术作品等各种事物之美对人产生积极的影响，从而帮助人们实现人格的塑造。

美育的形式生动活泼，过程轻松愉快，使人乐于接受，对学生和学校的发展都有着重要作用。

一、美育对学生发展的作用

美育对学生发展的作用主要包括以下几个方面。

1. 树立正确的审美观

与幼儿、中小学美育相比，大学美育中的“美”不仅是展现一些具体的、多彩的可感形象，还应培养学生与社会主义核心价值观相适应的审美观，以便学生在追求真善美的和谐统一中理解人生的真谛。

2. 培养感知能力

美育主要以感觉和知觉的体验为基础。感知觉是人的认识发展的前提，因此，美育对于培养学生的感知能力、促进其智力发展有着不可替代的作用。

3. 提升创造力

创新意识和创造力是新时代人才需要具备的重要素质，美育活动是以美好的事物形象或情境为基础展开的，可以引发学生丰富的联想，激发学生潜在的创造能力。

4. 陶冶情操

美育有利于学生情感的宣泄，能唤起学生的生活热情，促进学生身心健康发展。同时，美育又能通过为学生提供美感体验而改变其心境，从而陶冶其情操，升华其情感境界。

5. 提升文化修养

美育中的欣赏课程可以开拓学生的文化视野，让学生了解人类的文化发展历程和丰富的文化遗产，了解艺术与生产、生活的内在关系，从而提升自身的文化修养。

二、美育对学校发展的作用

美育对学校发展的作用主要包括以下几个方面。

1. 有利于学校管理

美育对学生有某种自我约束功能，能使学生按照美的规律与要求规范自己的言行，养成良好的学习和生活习惯。因此，美育课开得好，学生的自我完善意识和进取心都会大大增强，违纪现象将会大大减少，从而有利于学校的管理。

2. 营造积极健康的校园文化氛围

美育不仅能带给校园文化形式上的美感，更重要的是，它还能赋予校园文化积极健康的精神内涵。美育注重对他人的尊重和关怀，推崇和谐、民主、创新和超越。学生关心集体，关心他人，教师爱岗敬业，这样就会形成文明、和谐、活跃的校园文化。

3. 提高人才的培养质量

学校的根本任务是将学生培养成具有创造力的人才。美育在培养学生创造力方面具有明显的优势，因而可以提高学校的人才培养质量。

析美之美

一、瞬间之美

美丽的事物不一定长久，有时只是短暂的一瞬间，稍纵即逝。瞬间之美不在于一个完整的过程，而在于一个具有震撼力的特写镜头，或是一个细节描写。

例如，一阵暴风骤雨过后，空中的彩虹是美的；湍急的河流之上，电信员工冒着危险紧张抢修的感人瞬间是美的，如图1-27所示；大雪纷飞中，交警执勤时冒着严寒帮助民众推车的温暖瞬间是美的，如图1-28所示；危急时刻，白衣天使们争分夺秒尽职尽责抢救患者的瞬间是美的。我们的身边充满了美好的瞬间，只要用心感受，就能深深地体会到世间的爱与温暖。

图1-27 电信员工为百姓真情服务

图1-28 雪中交警帮忙推车

二、收获之美

俗话说："一分耕耘，一分收获。"当人们付出心血和汗水时，总会获得回报。例如，凌晨时分，环卫工人挥动着扫帚，把原本脏乱的大街打扫得干干净净，整洁的街道、清新的空气、行人的笑容是环卫工人的收获，如图1-29所示；春天的田野里，农民们辛苦播种，精心培育，秋天庄稼熟了，田间无垠的金浪、沁人肺腑的稻菽香是农民们的收获，如图1-30所示；学习过程中，我们在知识的海洋里徜徉，不断积累，渊博的知识、开阔的视野、崇高的修养是我们的收获。

生活是一方沃土，人们播下什么，就会收获什么：播下一颗种子，收获一颗果实；播下一个行动，收获一种结果；播下一种习惯，收获一种性格；播下一种心态，收获一种命运。收获带给我们一种特有的喜悦，让我们感受到生命的丰富多彩。

图1-29　环卫工人清扫过后的整洁街道

图1-30　农民收获时的喜悦

三、运动之美

体育运动是在人类发展过程中逐步开展起来的、有意识地培养自己身体素质的各种活动。体育运动不仅能够强身健体，还能向人们展示绚丽多姿的运动美，愉悦人们的身心。

运动之美是畅快之美，终点线前的冲刺、横竿上的飞跃、球场上的欢呼（见图1-31），足以令人激情澎湃；运动之美也是力量之美，运动健儿们雕塑般的身躯、清晰的肌肉线条、优美的运动造型（见图1-32），在赛场上形成一种力量与动态的平衡之美。

图1-31　球场上的欢呼

图1-32　运动健儿的优美造型

践美之行

一、课下活动

班级人员分为两组，分别收集“自然瞬间美”和“生活瞬间美”的摄影作品（也可自行拍摄），并以“感动瞬间”为主题开展宣传教育活动。活动形式不限，可以布置一个摄影展，也可以将摄影作品做成PPT后组织一场讲座，等等。各组制订宣传方案并组织实施。

二、课下写作

请同学们为熟悉的艺术作品（如王羲之的《兰亭序》、电影《肖申克的救赎》、舞蹈《雀之灵》等）写一篇100字左右的文字介绍，要求包含作品的艺术风格和自己的审美体验等。

第四节 直觉反应

寻美之旅

作为世界上最著名的、最具话题性的绘画作品之一，《蒙娜丽莎》（见图1-33）塑造的是文艺复兴时期一位城市资产阶级的贵妇形象。画中的人物坐在一把半圆形的木椅上，坐姿优雅，笑容微妙。人物没有眉毛和睫毛，但面庞看起来十分和谐。人物背后是一道栏杆，隔开了人物和背景。背景中有道路、河流、桥、山峦，它们在达·芬奇“无界渐变着色法”的笔法下，和蒙娜丽莎的微笑融为一体，散发着梦幻而神秘的气息。

图1-33 《蒙娜丽莎》（达·芬奇）

当我们欣赏这幅旷世名作时，作品中那如梦般的、无以言说的神秘微笑似乎一下子就吸引住了我们的目光，再联系人物周围的环境，整幅作品很容易让我们沉醉其中，无法自拔。在这个过程中，人们对《蒙娜丽莎》的美似乎有一种天生的感悟能力，并且这种感悟是在无意识的状态下自然发生的。这是因为美可以使人刹那间忘记一切，只顾聚精会神地欣赏它。这种人们自身对美的事物的不假思索的领悟能力被称为直觉反应。

探美之源

在审美过程中，直觉反应一般出现在休闲性的审美活动中，如自然审美、艺术审美和生活审美等。

当我们在谈论审美的时候，我们在谈论什么？（上）

一、自然审美

自然界中美的事物能够引起人们的直觉反应，使人们获得美感体验。例如，早上看到日出之景，人们会感受到新生的力量，从而内心充满希望；晚上看到皎洁的月亮，人们会感受到宁静与安详，也可能由月亮勾起思乡之情；登山时看到四周环绕的群山（见图1-34），人们会发出“会当凌绝顶，一览众山小”的感慨；散步时看到公园里春意盎然（见图1-35），人们会不由得感到舒适和惬意。

在自然审美过程中，人们的直觉美感来自自身对自然万物的直接感受。在大自然美景的怀抱中，人们的心情得到了放松，心灵得到了净化。

图1-34　登高望远

图1-35　公园里的春意

二、艺术审美

与自然审美不同，艺术审美的对象以艺术作品为主。艺术作品是艺术家为了满足人们的审美需求而创造的比现实事物更典型的艺术形象，它给予人的是一种更高层次的审美愉悦和审美享受，能在触动人的精神和情感层面上发挥作用。因此，艺术审美比自然审美更容易引起人们的直觉反应。

在艺术审美过程中，最先发生的是直觉反应，然后才是情感体验、精神感受和思想分析等深层次的审美活动。例如，人们在欣赏画作《蒙娜丽莎》时，首先感受到的是作品中人物的形体美、画面的色彩美和构图美等形式上的美，在经过仔细观察和分析之后，才能领悟到作品中深邃、朦胧的精神美；聆听歌曲《春江花月夜》时，首先感受到的是唯美的歌词、甜美的曲调，而作品表达的情感、创造的意境及表达的人生态度只有展开联想和想象并进行思想分析才能体会到。

三、生活审美

生活中，美的事物可以直接作用于人的感官，因此生活审美凭借感知觉就能完成。人们在生活中获得的直觉美感是非常丰富的。例如，当人们品尝美食时，可以通过美食的色、香、味、形获得视觉、味觉等感知觉的审美体验，如图1-36所示；当人们看到一件好看的衣服时，首先能够感受到衣服的款式美、色彩美，穿上之后又能体会到衣服面料的舒适之感。

图1-36　生活中的美食

析美之美

一、朦胧之美

大自然中的景观千姿百态，有些奇特壮观，有些朦胧含蓄。例如，清晨时分，荡于湖面上的孤舟在薄雾的笼罩下与湖水融为一体，呈现出缥缈的意境之美（见图1-37）；午后森林中，光线透过树叶照射下来，交织出幽远的静谧之美（见图1-38）；雨后天晴，多姿的色彩透过玻璃，在雨滴的衬托下映照出动感的虚幻之美（见图1-39）；江南烟雨中，白墙黛瓦，暮色四合，构成一幅浓墨淡彩、清新优雅的水墨画（见图1-40）。这些朦胧美可以为我们构造一种特定的意境，使我们获得特殊的审美感受。

图1-37　湖面上的孤舟

图1-38　阳光照射的森林

图1-39　朦胧的雨景

图1-40　江南烟雨

二、形式之美

形式美是指自然界和艺术作品中的各种形式要素（色彩、形体、声音等）有规律地组合，从而形成的客观事物的外观形式的美。人们经过长期重复的审美活动，会对美的形式越来越熟悉，因此人们看到形式美便能引起美感反应。在自然界和艺术作品中，形式美无处不见，从色彩搭配到造型设计等都遵循着形式美的法则，如图1-41所示。

泰姬陵（对称与均衡）

鹦鹉螺（比例与分割）

梯田（节奏与韵律）

绘画作品（对比与调和）

图1-41　自然界和艺术作品中的形式美

三、秩序之美

法国启蒙主义美学的代表人物德尼·狄德罗（见图1-42）曾说："一个物体之所以美，是由于人们觉察到它身上的各种关系，我指的不是由我们的想象力移植到物体上的智力的或虚构的关系，而是存在于事物本身的真实的关系，这些关系是我们的悟性借助我们的感官而觉察到的。"简而言之，物体之美在于我们可以看到它的秩序。

图1-42　德尼·狄德罗

在生活中，有序不仅能使人安定下来，还能呈现出有规则、有节奏的文明之美。例如，公共秩序影响着人们生活的方方面面，喧闹、杂乱、失控的人群让人烦躁崩溃，而流畅的秩序不仅展现出一种别样的秩序之美，还能节约人们的出行时间，提高生活品质，如图1-43所示。

图1-43　商场楼梯上流畅的秩序

践美之行

在中国这片古老而神奇的土地上，有着多姿多彩的地貌地形，有着各族中华儿女，也有着各类珍奇野兽、奇花异草。请同学们观看纪录片《美丽中国》(见图1-44)，欣赏祖国的秀丽风光。

图1-44　纪录片《美丽中国》剧照

第五节 情感体验

寻美之旅

母爱不是人类特有的情感，而是自然界中共通的情感，如图1-45所示。正因为母爱的无私与伟大，大自然中的新生命才能焕发出勃勃生机。著名诗人高尔基曾说："母爱是世间最伟大的力量。没有无私的、自我牺牲的母爱的帮助，孩子的心灵将是一片荒漠。"这种无私的情感代代相传，感动着世间的每一个生灵。

图1-45 自然界中的母爱

探美之源

在实际生活中，人们能够在自然观照和艺术欣赏活动中获得丰富的情感体验。

当我们在谈论审美的时候，我们在谈论什么？（下）

一、自然观照

大自然中的风光、生命可以带给我们多种多样的情感启示。因此，很多事物被人们赋予了新的思想内涵，用来象征人类美好的情感。例如，古时人们常常用并蒂的莲花、缠绕的连理枝和双栖的鸳鸯（见图1-46）象征至死不渝的爱情，用老牛舐犊、燕雀反哺和羊羔跪乳（见图1-47）象征亲情；用风云做伴、芝兰之交和桃花潭水象征友情。

图1-46　鸳鸯戏水

图1-47　羊羔跪乳

同时，人们也通过对自然界中的事物和景象展开丰富的联想，获得真实的情感体验。例如，大自然中常见的树叶从发芽到最后归于尘土，整个过程都能够引发人们的无限遐想：最初，嫩芽从树枝上萌发，人们感受到生机勃勃（见图1-48）；当嫩芽长成一片片绿油油的树叶时，人们体会到树木对叶子的滋养、叶子对树木的庇护；秋天树叶穿上了金黄色的礼服，为了报答树木的恩情，叶落归根（见图1-49）。从树叶身上，人们不仅能够得到精神的激励，还能获得真情的洗礼。

图1-48　新生的树叶

图1-49　叶落归根

二、艺术欣赏

艺术欣赏是一种通过艺术作品激发人们的情感，对人们进行熏陶和感染，从而美化人的心灵、振奋人的精神的审美活动。艺术家在进行艺术创作的时候，把自己的思想感情、审美理想都倾注到了艺术作品的可感形式中，因此艺术欣赏不只是理性的认识活动，还和情感体验紧密联系在一起。

例如，人们欣赏李白的诗句“蜀道难，难于上青天”时，除了理解字面意思，还能感受到语言的铿锵之美及溢于言表的气势和激情；观看一部电影时，除了了解作品叙述的剧情或感受作品中的音乐、画面中的色彩，还会被剧中人物细腻的情感所触动。

析美之美

一、思念之美

古诗《行行重行行》（见图1-50）反映了东汉末年动荡岁月中一位妇女对亲人的深切思念，诗中情深缱绻，相思无尽。全诗如歌如诉，韵味深长，语言朴素自然又精练生动，风格淳朴、清新。

图1-50　古诗《行行重行行》

“胡马依北风，越鸟巢南枝。”是诗中广为传唱的两句。其中，“胡马”（见图1-51）泛指北方的马，古时称北方少数民族为胡。“越鸟”（见图1-52）指南方的鸟。这两句的意思是从北方来的马依恋北风，从南方飞来的鸟喜欢将巢筑在朝南的枝头上。不难看出，这首诗想表达“依北风”“巢南枝”是大自然中动物怀念乡土的本能表现，动物尚且如此，更何况人呢？

万物皆有灵，大自然能带给我们许许多多意想不到的启示和生生不息的感动，只要我们留心，就会有所发现。

图1-51　胡马依北风

图1-52　越鸟巢南

二、真情之美

真情是艺术创作的精神内核，优秀的作品总能带给观赏者丰富的情感体验。电影《岁月神偷》（见图1-53）便是一部让人流泪的真情之作，主要讲述了发生在20世纪60年代风云变幻的香港，一个普通家庭经历世间冷暖、尝尽人生百味的故事。影片的大概剧情是：罗家原本是一个幸福的家庭——恩爱的夫妻二人、优秀的老大和调皮捣蛋的弟弟，他们的生活虽然贫穷，但也其乐融融。天有不测风云，一家人先后经历了台风、哥哥重病的人生变故，可贵的是，他们在困境中仍然乐观、坚强地生活，从不怨天尤人。

图1-53　《岁月神偷》剧照

这部作品透过细腻的情感表现出对生命、生活的回望。饱满、真挚的情感从真实的故事情节和精到的细节描写中体现出来。让人印象最深刻的是老罗特意为脚上长了鸡眼的老婆做鞋的片段，他们的大儿子生病住院之后，老罗想到老婆每天去医院给大儿子送饭，路远难走，于是精心为老婆做了一双舒服的新皮鞋。老婆为新鞋取了名字，叫“佳难”，她常说，一步佳，一步难，就像人生，起起伏伏。她也总说，做人，一定要有“信”。而她的“信念”、她的“希望”不是凭空长出来的，是“爱”赋予了她力量。我们从这里可以体会到人物内心的情感：因为有爱，就算生活遇到困难，心里也是温暖的。

岁月虽然“偷”走了许多，却偷不走心中最宝贵的东西，由此也揭示了影片的主旨——唯有爱，才抵得住岁月神偷。

践美之行

在本节一开始，我们领略了自然界中的母爱，那么，母爱在艺术作品中是如何体现的呢？图1-54是清代康涛的《孟母教子图》，请同学们从人物形象、画面氛围及情感表现等方面进行赏析。

图1-54 《孟母教子图》局部（康涛）

第六节 思想分析

寻美之旅

在生活中，有孝心的人常常被世人赞美，他们为父母排忧解难，照顾家人（见图1-55），承担家务。在他们身上，我们可以看到孝老爱亲的美好品质。

图1-55　生活中的行孝场景

孝顺是儿女对父母应尽的本分。父母给了我们生命，教会我们做人的道理，我们的健康成长离不开父母对我们的爱。父母渐渐苍老的容颜，记载着为我们付出的点点滴滴。只有心存孝道，才能领悟到亲情的温暖，才能激励自己茁壮成长。

俗话说："百行孝为先"，孝顺父母在中华民族传统美德中是占第一位的。木兰代父从军、王祥卧冰求鲤、黄香温席，古往今来多少名人轶事无不向我们展示着孝顺这一历史悠长的文化。纵观现实社会，有人为了医治父母，千金散尽；有人为了私利，虐待老人，甚至抛弃至亲。美与丑，善与恶，全在一念之间。

探美之源

作为一名大学生，我们要有判断美丑善恶和分辨是非的能力，这种能力是我们为人处世的基本能力，也是健康成长的重要基础。想要培养这种能力，最重要的是要有自己的价值判断和道德标准。社会生活千姿百态，有善有恶，有美有丑，我们要懂得对人的行为、社会现象及类文化事物进行思想上的分析和判断，树立正确的价值观和审美观。

一、人的行为

人的行为指人的行动、举止，是个体在社会实践中的直观表现。那么，什么样的行为是美的？什么样的行为是丑的？其实，无论在哪种文化背景下，人的行为美丑都有一些基本的评价标准。这些标准首先要符合人类最基本的文明观念，其次要符合本民族的道德规范，最后还要符合同一时代背景下人们的审美观和价值观。

简单来说，能够自觉约束自己的行为，讲文明，树新风，让自己的行为符合社会道德规范，那么在人们的心中你便是美的。例如，走进校园，看到同学在打扫卫生，主动前去帮忙（见图1-56）；一节课匆匆过去，当老师用沙哑的声音说“下课了”，怀着一颗感恩的心，向老师说一声“再见”。这些都是行为美的体现。而随意破坏公共环境，违背社会道德规范，如在树木、名胜古迹上乱刻乱画、在公共场合乱扔垃圾、随地吐痰、践踏花草等，这些行为具有明显的破坏性，当然就谈不上美了。

图1-56　打扫校园卫生

二、社会现象

人总会受到社会环境的影响，而社会环境具有多样性，有些社会现象能给人带来正能量，有些社会现象却会带来负面的影响。例如，近年来在青少年中普遍存在盲目追星的现象，部分青少年对明星过度崇拜，疯狂迷恋，甚至丧失自我，荒废了自身的学习和生活。又如，如今加入“手机一族”的学生越来越多，他们在上课期间用手机玩游戏、看小说，影响了正常的课堂秩序和自身的学习。

社会现象复杂多变，当我们面对它们时，要注意分析其思想内容，分辨是非、美丑。对于那些传递温暖的现象，要大力发扬；对于那些不良现象，要坚决抵制、不受其干扰，坚守健康向上的人生道路。

三、类文化事物

凡是以貌似文化的形式出现的事物，统称为类文化事物。但类文化事物只有文化的表现形式，没有文化的基本内涵。类文化事物包括非文化事物和反文化事物两种类型。

非文化事物是指那些既不能对人们产生积极影响，也不会对人们造成危害的事物，如纯粹娱乐性的笑话、小品、魔术、模仿秀等。

反文化事物是指那些危害人们思想和精神健康，给人们带来精神伤害的事物，如社会中的功利、拜金、利己主义倾向，以及各种恶劣的犯罪行为，等等。反文化事物容易腐蚀人们的心灵，动摇人们的信念，使人们丧失仁爱之心，严重的甚至能使人行为失控，如一些人因为物欲膨胀而走上抢劫、盗窃的犯罪道路。因此，我们应学会识别和抵制反文化事物，维护自身的身心健康。

析美之美

一、礼仪之美

2017年9月1日晚，在大型公益节目《开学第一课》中，主持人采访了著名翻译家许渊冲老先生。为了方便与坐在椅子上的老人对话，主持人穿着裙子跪地采访，被网友们称赞“跪出了最美的中华骄傲”。

中华民族自古以来就是礼仪之邦，强调“为人子，方少时。亲师友，习礼仪。”中华礼仪是我们的传统文化，也是一个人素养、品质和精神世界的外在表现。礼仪之美体现在方方面面，在与他人交谈时，多用“请”“谢谢”“对不起”等礼貌用语，可以让人如沐春风。与人交往时，态度诚恳、语气亲切、尊重他人，不出言不逊、强词夺理，可以创建和谐的人际关系。在公共场合时，保持头发整洁、修饰得体、互相礼让的仪表仪态，可以给人留下美好的印象。到图书馆、阅览室学习时，不高声喧哗或窃窃私语，可以创建更文明的学习环境。

二、宽容之美

“六尺巷”的故事

清代康熙年间有位大学士名叫张英。一天，张英收到家信，说家人为了争三尺宽的宅基地，与邻居发生纠纷，要他用职权疏通关系，打赢这场官司。张英阅信后坦然一笑，挥笔写了一封信，并附诗一首："千里来书只为墙，让他三尺又何妨？万里长城今犹在，不见当年秦始皇。"家人接信后，让出三尺宅基地，邻居见了，也主动相让，于是就有了六尺巷。

从这个故事我们可以看出，做人宽容大度，有包容之心，才能成人成己之美，才能与人为善，和睦邻里。那么，什么是宽容呢？宽容就是以谅解和包容的心态去对待与自己不同的观点、意见、性格和志趣，甚至是别人的过错和冒犯，从而与人和谐相处。俗话说，宰相肚里能撑船，冤家宜解不宜结。生活中我们难免会与人产生争执，这时如果你不让我，我不让你，就很容易引发矛盾和争斗。因此，我们需要学会宽容，忍一时风平浪静，退一步海阔天空。

正所谓，深邃的天空容忍了雷电风暴，才有了风和日丽；辽阔的大海容纳了惊涛骇浪，才有了浩渺无垠；苍莽的森林忍耐了弱肉强食，才有了郁郁葱葱。多一点宽容，多一点担待，一切都会变得更加美好。

三、奉献之美

近年来，大学生到偏远山村支教的公益活动（见图1-57）在校园里日益盛行。俗话说，赠人玫瑰，手留余香。支教于山区的孩子，于我们自身，都有着非凡的意义。对于山区的孩子来说，支教老师能给他们温暖的陪伴，让他们对外面的世界多一分了解，帮助他们学到更多的知识。尤其是那些留守儿童，他们本来就渴望父母的关爱，支教老师能给他们带来心灵上的慰藉，让他们在成长中感受到爱的温暖，从而对未来充满希望。对于大学生来说，支教能锻炼自己的社会实践能力和表达能力。同时，与孩子们交流时常常会被他们的浓浓真情所感动，从而得到心灵上的陶冶。

图1-57　支教活动

支教是一种奉献，是一种成长，支教有情，青春无悔。大学生作为时代先锋，应积极支教，在支教岗位上勇于担当，积极奉献，展现大学生良好的精神风貌，为国家贡献出自己的力量。

践美之行

为了加强同学们的美丑观、是非观，请以“立德树人，与爱同行”为主题组织一次班会，具体内容如下：

（1）班长介绍“立德树人”的含义，以及此次班会的主要内容。

（2）请每位同学（或者小组代表）发言，介绍身边的典型模范，讲述对“立德树人”的理解。

（3）全体同学签订“立德树人”承诺书，承诺以后定期组织爱护环境、关爱老人、奉献社会等公益活动。

（4）每位同学写一句有关“立德树人”的话语，贴在公告栏里。

（5）班长总结此次班会，呼吁大家把“立德树人”践行到生活中。

素质园地

聚焦军旅美术，赓续红色血脉

近年来，军旅美术工作者在扎根军营的同时，自觉融入时代洪流，以理想信念、责任意识和英雄情怀浸润创作。在近期多项国家重大主题美术创作工程中，军旅美术中涌现出许多优秀作品，为传承红色基因、续写红色新篇凝聚了强大的精神力量。

2021年6月27日，“不忘初心，牢记使命——庆祝中国共产党成立100周年美术作品展览”在中国共产党历史展览馆开展。其中，军旅美术工作者的作品占据了相当的比重，如油画《秋收起义》《三大主力红军会师》《平型关大捷》《红地毯述》《历史的星空——两弹一星功勋科学家们》《清晨的三沙》《红潮——五四运动》（见图1-58）等，中国画《百团大战》《重申“四个现代化”》《飞天圆梦》《龙腾大湾》《东北抗日联军》（见图1-59）等。

创作者在现实主义创作思想的引领下，广纳博取，着力将军旅美术的审美特质与时代语境相结合，不但在形式语言上体现出新时代的审美特征，而且在主题开拓和精神发掘方面，达到了历史真实和艺术真实的高度统一。

图1-58 《红潮——五四运动》（许江、孙景刚、邬大勇）

图1-59 《东北抗日联军》（黄洪涛）

强军先强魂，新时代的军旅美术创作，以丰富多元的艺术形式，描绘中国革命波澜壮阔的史诗画卷和中国特色强军之路的宏阔景象，热情讴歌人民军队矢志强军兴军的坚定意志和时代风采，彰显出军旅美术的凝聚力和艺术感染力，为满足广大官兵日益增长的精神文化需求，做出了积极贡献。

（资料来源：中国共产党新闻网，作者李翔，有改动）

2

第二单元　曼妙的世界：自然美

单元导读

自然美是指各种自然事物美的属性和非自然事物本身具有的美的特质。自然美的本质是“自然的人化”或“人化的自然”，具有丰富多彩、气象万千的特点，其具体、鲜明、感性的形式能带给人美感，这种美感往往令人流连忘返。自然美具有广泛的认同性，是人们审美思想形成和各种审美标准产生的基础，也是创造生活美、艺术美、科技美的参考和范本。无论是欣赏美，还是创造美，都要从认识自然美开始。

第一节 事物之美

寻美之旅

“迎来送往有奇松，不论阴晴雨雪中。今被浮云遮盖住，依然美雅露忻容！”这首诗描写的是黄山迎客松。迎客松是黄山的标志性景观，具有数千年历史。

黄山迎客松（见图2-1）饱经风霜，仍然郁郁葱葱，苍翠挺拔，充满生机，其一侧枝丫伸出，仿佛人伸出一只臂膀欢迎远道而来的客人，姿态优美，给黄山增添了无穷的诗情画意，也给游人带来了美的感受。

图2-1　黄山迎客松

探美之源

一、基础与参照

当事物美丽的外表引起人们的注意，人们认识美、发现美的过程就开始了。人们在认识美、欣赏美的过程中，审美意识不断增强，并随之产生了创造美的欲望。例如，上古时代，人们看到湿泥巴落入火堆中被烧成了坚硬的器物，受此现象的启发，产生了创造美的欲望。而后人们又在与大自然长期接触的过程中，逐渐具备了创造美的能力，于是一些简单的器皿就被创造出来了。

事物之美

早期的器皿（见图2-2）质地粗糙，造型笨重，颜色单一，多为土褐色。随着与大自然的进一步接触，人们发现在风的吹拂下水面波光粼粼的景象十分美妙。于是，人们便将美丽的水波纹画在器物上（见图2-3），这就创造了装饰美。

图2-2　陶盂

图2-3　水波纹彩陶

人们对自然美的发现和利用在上古时代的装饰品上体现得非常明显。例如，人们很早就发现贝壳具有斑斓的色彩美，玉石具有晶莹剔透的光泽美，兽牙具有细腻光滑的质地美。人们认识了这些美的事物后，脑海中逐渐形成美的意识，他们把贝壳、玉石、兽牙等这些代表美的东西收集起来，打洞串在一起，挂在脖颈上，制成了最原始的项链，如图2-4至图2-6所示。

图2-4　穿孔贝壳项链

图2-5　穿孔玉石项链

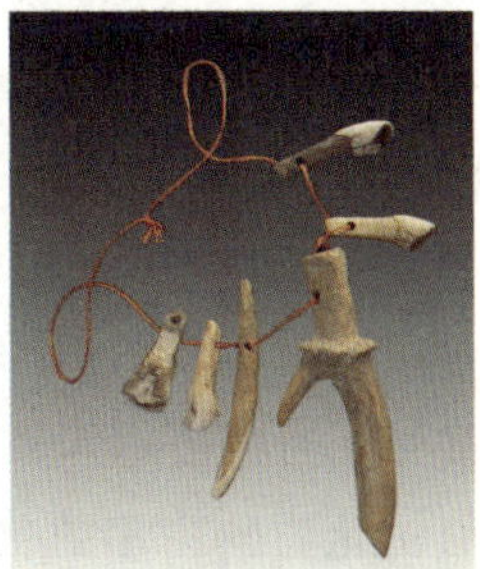

图2-6　穿孔兽牙项链

二、存在类型

事物美是指自然界中的各种自然事物所呈现出的美好状态。自然界中的事物千姿百态，不同事物所创造的自然美各不相同。一般来说，自然美大致可以分为天地日月、山水树石、鸟兽鱼虫、花草果蔬四大类。

1．天地日月

天地日月的美，表现为博大与高远、生机与活力、光明与温暖、缥缈与宁静，这种美是自然形成的，会随着时间、气候、季节的变化呈现不同的面貌。

早上的天空蔚蓝透亮，晚上的天空昏暗静谧，雨中的天空乌云翻滚（见图2-7），雨后的天空温暖湛蓝。

平原辽阔，山川秀丽，峡谷险峻，春天的大地碧绿苍翠、生机勃勃，冬天的大地白雪皑皑、寒冷苍茫。

初升的朝阳红彤彤，透射绚烂霞光，呈现朝气蓬勃的生机美；正午的太阳明晃晃，普洒万丈光芒，呈现热烈炫目的活力美；傍晚的夕阳金灿灿（见图2-8），呈现祥和温暖的安宁美。

月亮或皎洁似玉盘（见图2-9），或弯曲似银钩，文人墨客留下了许多描写月亮之美的诗词。例如，“明月松间照，清泉石上流”描写的是宁静美；“深林人不知，明月来相照”描写的是岑寂美；“星垂平野阔，月涌大江流”描写的是开阔美。

图2-7　天空

图2-8　夕阳

图2-9　月亮

2．山水树石

古往今来，人们常寄情于山水树石，并将其作为诗词歌赋和各类艺术作品的重要表现内容。例如，巍峨雄伟的泰山（见图2-10）、云雾迷蒙的黄山、陡峭险峻的华山、如诗如画的西湖（见图2-11）、碧波清澄的桂林漓江、精雕细琢的苏州园林等常出现在各类艺术作品中，传递着各种美感。

北方的山多雄伟险峻，令人心生敬畏；南方的山多郁葱俊秀，令人心生向往。春天的山妩媚葱翠，给人生机勃勃的朝气美；夏天的山青翠欲滴，给人绿荫笼罩的清凉美；秋天的山橙黄橘绿，给人赏心悦目的收获美；冬天的山银装素裹，给人悄然无声的寂静美。

图2-10　泰山

图2-11　西湖

水之美因其具有透明、流动等自然属性，具体表现为碧波如镜的宁静美，晶莹清澈的纯净美，映照斑驳的色彩美，奔腾不息的动态美，轻盈如烟的缥缈美，等等。例如，湖水一碧千里、波光粼粼，具有水清镜明的清澄美；瀑布（见图2-12）飞流直下、水珠四溅，具有周而复始的飘逸美；小溪晶莹清澈、时缓时急，具有静谧活泼的灵动美。

图2-12　瀑布

树之美在于其生机和活力，也在于其多变的姿态。有风时树影婆娑、摇曳多姿，无风时高大挺拔、灵秀俊美，如图2-13所示。

石之美在于其坚硬、稳固和厚重（见图2-14），也在于其精神品质，如顶天立地、坚韧不拔等。园林中的石头，无论是自然形成的珍奇美石，还是后天加工的嶙峋巧石，它们都有其独特的魅力。

图2-13　古树

图2-14　竖石

3. 鸟兽鱼虫

在现实生活中，很多人会养一些小动物，如小鸟、金鱼、小狗、蟋蟀等。鸟兽鱼虫各有其美，能给人带来美的享受。例如，鸟儿（见图2-15）美丽的羽毛、悦耳的歌声，鱼儿（见图2-16）妙曼的身姿、灵动的尾巴，小狗（见图2-17）机灵的特性、光滑的皮毛，蟋蟀（见图2-18）灵巧的身形、优美的叫声，这些都能给人带来美感与愉悦。

图2-15　小鸟

图2-16　金鱼

图2-17　小狗

图2-18　蟋蟀

4. 花草果蔬

花草果蔬是人们在生活中接触最多的自然事物，也是人们进行艺术创作的重要题材。在插花工艺中，插花师会将各类花草搭配在一起，营造一种舒适自然的田园美，如图2-19所示。而果蔬进入人们的生活后，成为人们质朴生活的一部分，更成了生活美的重要组成部分。

图2-19　插花工艺

花之美在于其颜色、姿态和香味。例如，牡丹（见图2-20）的色、姿、香、韵俱佳，花大色艳，花姿绰约，艳压群芳，具有“花中之王”的称号；荷花亭亭玉立，出淤泥而不染，姿态盎然；梅花的香味别具神韵、清逸幽雅，沁人心脾、催人欲醉，被历代文人墨客称为“暗香”。

草之美在于其颜色、活力和生机。例如，薰衣草（见图2-21）的叶形、花色优美典雅，蓝紫色花序颀长秀丽，给人极具感染力的色彩美和韵味美。又如，蒲公英未开花时，叶呈波齿状，开花时结成白色毛冠绒球，随风飘扬，给人柔和轻盈的自然美和生机美。

图2-20　牡丹

图2-21　薰衣草

果蔬之美在于其诱人的颜色和爽口的味道。例如，樱桃（见图2-22）色泽鲜艳、晶莹美丽，或红如玛瑙，或黄如凝脂；黄瓜（见图2-23）甘甜、爽口、清香，脆嫩多汁，色感俱佳。它们都能给人们带来视觉上的美感和味觉上的享受。

图2-22 樱桃

图2-23 黄瓜

析美之美

泰山日出（见图2-24）壮观瑰丽，是岱顶奇观之一。在泰山顶上看日出，与在平原或海边是不同的。太阳初起时，天暗沉沉的，西方是一片铁青，东方有些微白。当第一缕曙光撕破黎明前的黑暗，东方天幕由漆黑逐渐转为鱼肚白、红色，直至耀眼的金黄，万道霞光喷薄而出。最后，一轮旭日跃出云海，腾空而起，天空顿时光芒万丈。整个过程像一名技艺高超的魔术师在表演，在瞬息间变幻出千万种多姿多彩的画面，令人叹为观止。

图2-24 泰山日出

践美之行

浏览中国国家地理网和Unsplash网，欣赏天地日月、山水树石、鸟兽鱼虫的自然之美（见图2-25），挑选出几幅喜欢的作品分享给朋友，并发表自己的感想。

图2-25　动物、植物之美

第二节　景象之美

寻美之旅

蔚蓝的天空下，麦子在微风的吹动下形成了金色的波浪（见图2-26），一起一伏，沙沙作响，似是一段优美的旋律，令人回味无穷。滚滚麦浪把大地染成一片黄，黄得殷实、浩荡、蓬勃，黄得惊心动魄、金光灿灿。这一幕，让人感受到了丰收之美。

站在田野中，欣赏一望无际的金色麦浪，感受沁人心脾的麦香。

图2-26　麦田

探美之源

景象之美

景象之美指的是事物的群体美。对于景象而言，无论是由一组同类的事物构成，还是由一组不同的事物构成，其基本特征都是以群体形式表现的。相对于个体事物的美而言，群体性的景象美带来的视觉冲击力更强。

中国古典诗词中描写景象之美的句子有很多。例如，王维的《使至塞上》中的“大漠孤烟直，长河落日圆”描写的是大漠孤烟、落日映照的壮观美；杜甫的《江畔独步寻花》中的“黄四娘家花满蹊，千朵万朵压枝低”描写的是繁花似锦的春光美；陆游的《游山西村》中的“山重水复疑无路，柳暗花明又一村”描写的是花明柳绿的旷阔美。这些美，无一例外，都是靠群体烘托形成的。

一、美感景象

美感景象是指具有充分的视觉美，能够直接触动人们视觉感受的景象。这种景象，通常让人一眼望去就觉得妙不可言。

自然界中常见的美感景象有很多，如春天的桃花林、夏天的荷花池、秋天的漫山红叶、冬天的连绵雪山等。荷花池一眼望去，令人赏心悦目，如图2-27所示。荷花池令人心悦的不仅是荷花、荷叶本身的形象美，还有荷叶、荷花所形成的景象的群体美。漫山的枫叶同样具有群体美，它们看起来红烈似火，比单独一棵枫树要壮观得多，如图2-28所示。

图2-27　荷花池

图2-28　枫树林

二、精神景象

精神景象是指能令人产生联想或精神上的共鸣的景象。例如，攀附在墙壁或岩石上的爬山虎（见图2-29），让人联想到生命的坚强；在风沙大漠中顽强生长的胡杨

（见图2-30），能给人精神上的震撼，让人联想到不屈不挠、努力拼搏的精神。

精神景象是一种能使人寄景抒情的景象，欣赏景象时人们眼中看到的是景象朴实、直观的自然属性，但人们可以联想到景象背后顽强坚韧的生命力或其他内在美。

图2-29　墙壁爬山虎

图2-30　大漠胡杨

三、情感景象

情感景象是指能够使人们联想到友情、爱情、亲情等情感的景象。情感景象的主要特征在于它能表现出感情美，人们欣赏情感景象时，既能收获情感体验，又能获得精神洗涤。

例如，人们看到鸟儿哺育幼鸟这一景象（见图2-31），便会联想到父母对子女的养育之恩；看到羊羔跪乳的景象，就会想到儿女怀感恩之心回报父母的养育之情。又如，大雁是随季节迁徙的候鸟（见图2-32），它们飞往南方过冬的生活习性，常让人们想起故乡和亲人，因此人们常借大雁抒发思乡之情。

图2-31　鸟儿哺育幼鸟

图2-32　大雁南飞

析美之美

雾凇（见图2-33）俗称“玉树琼花”，是空气中的水蒸气在低温时凝结，或遇冷时冷雾直接冻结在树枝或电线等物体上形成的乳白色冰晶。雾凇是非常难得的自然奇观，它美丽皎洁，晶莹闪烁。冬季来临时，雾凇挂满枝头，把树木点缀得“繁花似锦”，壮丽迷人，好似月宫玉树。远远地望去，像是满树绽放了晶莹剔透的琼花。吉林松花江岸十里长堤会出现“忽如一夜春风来，千树万树梨花开”的壮观景象，如同仙境，这是北方冬季最独特的风景。

图2-33　雾凇

践美之行

大自然的奥妙在于，即使是同一种事物形成的不同景象，也总是有其独一无二之处。请查找樱花相关的图片及视频资料，感受多样的樱花景象（见图2-34），并试着拍一拍身边的美好景象，感受其独特的美。

图2-34　樱花景象

第三节 意象之美

寻美之旅

鸳鸯是一种形似小鸭的水鸟，鸳为雄，鸯为雌，经常出双入对，在水面上相亲相爱，悠闲自得。它们时而跃入水中，引颈击水，时而浮在水面，追逐嬉戏（见图2-35）。

此情此景，正是恩爱眷侣卿卿我我、如胶似漆的写照。由此，“鸳鸯”成为忠贞爱情的象征，引得文人墨客留下了众多脍炙人口的佳句。例如，李白有“七十紫鸳鸯，双双戏庭幽”，杜甫有“合昏尚知时，鸳鸯不独宿”，孟郊有“梧桐相待老，鸳鸯会双死”，杜牧有“尽日无人看微雨，鸳鸯相对浴红衣”，卢照邻有“得成比目何辞死，愿作鸳鸯不羡仙”。此外，人们还常将鸳鸯的图案绣在各种物品上（见图2-36），送给心爱的人，以表达爱意。“鸳鸯戏水”更是中国民间常见的年画题材。

图2-35 鸳鸯戏水

图2-36 鸳鸯绣品

探美之源

意象是指客观物象被人们赋予特定的人文内涵，从而具有文化寓意或象征意义，用于表达一定的理想、愿望。例如，乐府诗词《孔雀东南飞》写道：“孔雀东南飞，五里一徘徊。”其中的“孔雀”是美好的象征，被赋予独特的文化内涵，寓意爱情。

在中华传统文化中，以自然事物为基础的意象十分丰富，其中具有代表性的有日月山水、珍禽灵兽、花草树木三大类。

一、日月山水

日月山水既是大自然中最常见的事物，也是中华文化中具有丰富文化内涵和象征意义的重要意象。

1．太阳

太阳作为一种意象，代表着光明、温暖、时光与希望。例如，白居易的《短歌行》中写道："曈曈太阳如火色，上行千里下一刻。出为白昼入为夜，圆转如珠住不得。"这首诗描写太阳灼热似火、光芒万丈、昼夜不停旋转的景象，诗人借此感叹时光易逝。根据太阳在不同时段的状态，人们又赋予了太阳不同的象征意义。例如，"如日中天"象征辉煌和事业有成，"夕阳"寓意人生短暂、年华美景稍纵即逝。

2．月亮

月亮是中华文化中常见的意象，是人们盼聚与思念的寄托，代表着千里与共的美好愿望。例如，李白《静夜思》中的"举头望明月，低头思故乡"，苏轼《水调歌头》中的"但愿人长久，千里共婵娟"等都以月亮象征浓浓的思念之情。

月圆月缺同人生的团圆与分离、欢乐与悲伤具有相似之处，因而诗人笔下的月常与悲欢离合联系在一起。例如，唐诗中有"月落乌啼霜满天，江枫渔火对愁眠"的愁绪（见图2-37），也有"海上生明月，天涯共此时"的美好期盼。

图2-37　月落乌啼

3．山

山也是中华文化中常见的意象，相对于山的自然美而言，山的意象美更加丰富。人们常说"江山社稷"，这里的"江山"不再简单地指山峰、丘陵，而是指国家或政权；又说“父爱如山”，这里的“山”则是取其厚重之意，象征伟大的父爱。除此之外，山还有其他象征含义，如“仰山知峻，临水怀清”中象征博大与威严（见图2-38），“留得青山在，不怕没柴烧”中象征永恒与长久，等等。

图2-38　仰山知峻

4．水

老子提出，“上善若水”，这道出了水利万物而不争的美德。此后，水不再只是冰冷的自然景观，还是一种被赋予丰富内涵的意象，不断被后人赞叹、吟诵。

水是纯洁的象征（见图2-39）。《秋水》是《庄子》中的名篇，文中的“秋水”意为秋天的水，后多用来形容女子清澈明亮的眼睛。例如，韦庄的《秦妇吟》中有“西邻有女真仙子，一寸横波剪秋水”，王实甫的《西厢记》中有“望穿他盈盈秋水，蹙损他淡淡春山”，其中的“秋水”都是指明亮的眼睛。

图2-39　纯洁的水

此外，与水相关的雪、冰等事物也各有其象征意义。例如，张孝祥的《念奴娇·过洞庭》中有“孤光自照，肝胆皆冰雪”，王昌龄的《芙蓉楼送辛渐》中有“洛阳亲友如相问，一片冰心在玉壶”，这些诗词中，诗人借晶莹的冰雪来象征自己清廉正直、心志忠贞的高尚品格。

二、珍禽灵兽

珍禽灵兽被人们赋予了丰富的内涵，成为特定的文化意象，常作为艺术作品的主题。具有文化意象的珍禽灵兽有很多，下面仅举几个具有代表性的例子。

1. 虎

中国人崇拜虎（见图2-40），认为虎勇猛、威严，将其作为权力和力量的象征。自汉代以后，虎便成为劳动人民喜爱的保护神。经过漫长的历史演变与发展，人们对虎的崇拜意识越来越强。至今，我国很多地方依然保留着儿童戴虎头帽（见图2-41）、穿虎头鞋的风俗习惯，人们认为这种穿戴可以驱邪、保平安。此外，山西有些地方还具有送小孩老虎枕头的习俗。每逢小孩过生日，当舅舅的都要送外甥一只或一对老虎枕头，祝福孩子茁壮平安成长。

图2-40　虎

图2-41　虎头帽

2. 马

马（见图2-42）很早就出现在人们的生活中，经过驯化，成为人们得力的助手。在古代，马是人们的重要交通工具。在中华传统文化中，马是奋勇直前、自强不息的象征。人们钟爱马，创造了许多与马相关的词语，如“龙马精神”“马到成功”“老马识途”等。此外，人们还喜欢在家里挂马的图画，因为马代表着吉祥，寓意着积极向上和成功。

图2-42　马

3．鹿

鹿外表美丽，性情温和。因古代神话传说中的神仙常以鹿为坐骑，所以鹿又被人们赋予了长寿、吉祥、幸福、安宁的美好寓意。尤其是白鹿，人们称之为“仙鹿”或“天禄”，视之为瑞兽。古人认为“王者孝则白鹿见，王者明，惠及下，亦见”，由此可知，人们将白鹿的出现视为天下太平的象征。从字音上看，“鹿”与“禄”谐音，因此又寓意禄泽无疆。鹿和蝙蝠组合出现时，则寓意福禄双全、福禄长存。

4．鹤

鹤是鸟类中最高贵的飞禽。它姿态优美、高雅大方。在古代，传说鹤生活在云烟雾绕的深山丛林里，常年跟随仙人，能活几千年，所以鹤被人们赋予了长寿、吉祥的寓意。明清时期一品（古代官员的最高官阶）文官的补服上绣有仙鹤纹样，因而鹤又被人们称为“一品鸟”，寓意富贵。此外，鹤与松树组合在一起寓意松鹤延年（见图2-43），与鹿组合在一起寓意鹤鹿同春。

图2-43　松鹤延年

三、花草树木

花草树木是自然界中最常见的景物，也是人们获得审美体验最多的事物。人们通过长期观察花草树木，对其生活习性有了深刻的了解，进而将它们的习性与人的品格联系起来，赋予花草树木品德精神，使其成为特定的文化意象。下面举几个具有代表性的例子。

1．梅花

梅花（见图2-44）是中国传统名花，它不惧霜雪，凌寒怒放。几千年来，文人对梅花喜爱有加，或咏其风韵独胜，或颂其节操高雅，爱梅、赏梅、吟梅早已成为社会风尚。例如，毛泽东在《卜算子·咏梅》中写道："待到山花烂漫时，她在丛中笑。"这是赞颂梅花不媚俗、不争宠、默默付出的品格。在生活中，梅花凌寒盛开，能给人洁身自好、坚忍顽强的精神感染，是不畏严寒、贞洁高雅的象征。

图2-44 梅花

2．兰花

兰花也称"兰草"，生长于空谷，清雅幽香，有淡泊、高雅、圣洁、贤德的美好寓意。

兰花的花色淡雅，以嫩绿、黄绿居多（见图2-45）。兰花的香气清而不浊，一盆在室，芳香四溢。"手培兰蕊两三栽，日暖风和次第开。坐久不知香在室，推窗时有蝶飞来。"这首诗将兰花的幽香描绘得淋漓尽致。兰花的叶子常年鲜绿、姿态优美，即使不是花期，也像是一件艺术品，如图2-46所示。"泣露光偏乱，含风影自斜。俗人那解此，看叶胜看花。"这首诗描绘的就是兰叶的婀娜多姿、细柔曼妙之美。

由于兰花灵动有清韵，所以人们将其与修身养性、情操高尚联系在一起，进而赋予其兄弟情义、结拜之谊、坚贞不屈等象征意义。

图2-45　兰花

图2-46　水墨兰叶

3．菊花

菊花（见图2-47）是花中四君子之一。它历经风霜，凌寒傲雪，有顽强的生命力，象征着刚正不阿、独立坚强。陶渊明的诗句“采菊东篱下，悠然见南山”，使菊花得到了“花中隐士”的封号，具有了淡泊名利的文化寓意。此外，在古代神话传说中，菊花还被赋予了吉祥、长寿等象征意义。

4．竹子

在中华文化中，竹子（见图2-48）的文化内涵十分丰富。它挺拔坚韧，顽强不屈，既有梅花凌寒傲雪的铁骨、兰花翠色长存的高洁，又有虚怀若谷的谦逊。它的“劲节”，代表不屈的骨气；它的“虚空”，代表谦逊的胸怀。

图2-47　菊花

图2-48　竹子

从古至今，竹子都深受文人墨客的喜爱。北宋文学家苏轼说过：“宁可食无肉，不可居无竹。无肉令人瘦，无竹令人俗。人瘦尚可肥，士俗不可医。”朴实直白的语言，说明竹子刚正不阿、虚怀若谷的精神已深入士人骨髓。

清代郑燮擅长画竹（见图2-49），他笔下的竹“多不乱，少不疏，脱尽时习，秀劲绝伦”，颇具风骨。他的画借竹子清高的气节来言士人之志，充分显示出竹子的文化寓意已深入士人之心。

图2-49 《墨竹图》（郑燮）

析美之美

“昔我往矣，杨柳依依。今我来思，雨雪霏霏。”这是《诗经》中非常著名的句子，把一个出门在外的旅人的心情表达得淋漓尽致，将杨柳的依依之态（见图2-50）和惜别的依依之情完美地融合在一起。

杨柳在中国传统文化中属于送别类意象，用于表达依依不舍之情。在古代，人们常用折柳表达惜别之情，其原因在于：柳枝摇摆不定的形态，能够表达离别之际的依依不舍之情；同时，“柳”与“留”谐音，在离别之际，折柳相送，既能表达难分难舍的深情，又能寄托对离人的美好祝愿。

折柳送别的习俗在唐代最盛，唐代渭河上的灞陵桥是离别时的必经之地，灞陵桥两边的柳树，更烘托了离别的氛围。因此，后世将“灞桥折柳”喻为送别友人之意。

图2-50　杨柳依依

践美之行

请查找相关资料，分析古诗词中蕴含了哪些中国意象和中国精神，感受古诗词中常见的意象之美（见图2-51）。此外，请采用一定的艺术手法拍摄照片并解读生活中的意象美。

图2-51　意象之美

素质园地

加强生物多样性保护，展现大国担当

中国幅员辽阔，陆海兼备，地貌和气候复杂多样，孕育了丰富而又独特的生态系统、物种和遗传多样性。作为最早签署《生物多样性公约》的缔约方之一，中国一贯高度重视生物多样性保护，不断推进生物多样性保护与时俱进、创新发展，走出了一条中国特色生物多样性保护之路。

2021年10月11日至15日，联合国《生物多样性公约》第十五次缔约方大会（COP15）在云南昆明举行。各国领导人聚首美丽的春城昆明，共商生物多样性保护大计。会议通过了“2020年后全球生物多样性框架”，制定了各国及全球在未来十年甚至更远时间范围内的工作蓝图，帮助人类社会步入正轨，力求在2050年之前实现《生物多样性公约》中“与自然和谐相处”的总体愿景。

为加强生物多样性保护，中国正加快构建以国家公园为主体的自然保护地体系，逐步把自然生态系统最重要、自然景观最独特、自然遗产最精华、生物多样性最富集的区域纳入国家公园体系。为推动实现碳达峰、碳中和目标，中国将陆续发布重点领域和行业碳达峰实施方案和一系列支撑保障措施，构建起碳达峰、碳中和“1+N”政策体系。中国将持续推进产业结构和能源结构调整，大力发展可再生能源，在沙漠、戈壁、荒漠地区加快规划建设大型风电光伏基地项目。

人不负青山，青山定不负人。生物多样性是人类赖以生存和发展的重要基础，人类必须尊重自然、顺应自然、保护自然，加大生物多样性保护力度，促进人与自然和谐共生。COP15的举办为保护全球生物多样性贡献了更多中国智慧，为推动人与自然和谐共生发挥了重要作用。

（资料来源：人民网，有改动）

3

第三单元　心灵的旋律：艺术美

单元导读

艺术是反映自然和生活的一种文化类型。艺术家运用画笔、刻刀、镜头等媒介把从现实世界中得到的启示表现出来，一件件旷世奇作由此诞生。优秀的艺术作品能够唤起人们对生活的热爱，激发人们的进取意识，振奋人们的精神。因为各种艺术作品都是以审美为创作目的的，所以艺术作品的欣赏从一定意义上讲是一种美的感受与体验活动。

第一节 音乐之美

寻美之旅

音乐是我们日常生活中最常接触的一门艺术，开心时我们喜欢听欢快的音乐，沮丧时我们喜欢听低沉的音乐，浮躁时我们喜欢听舒缓的音乐。音乐是心灵的表达，能够让人放松心情，相信大部分同学都有自己喜欢的歌手和歌曲，对音乐的美也有自己的体会。

探美之源

一、音乐艺术的美

表演的艺术——音乐之美

音乐艺术之所以美，之所以扣人心弦，让人如痴如醉，是因为音乐艺术具有很强的抒情性和节奏性。

音乐的抒情性来源于其特殊的表现手段，它可以通过力度的强弱、节奏的快慢、音色的变化等多种方式，来表现人们复杂多变、深刻细腻的内心情感。由于音乐具有抒情的基本属性，因此它的创作和欣赏总是离不开强烈的情感体验，这恰恰也是音乐艺术的魅力所在。也正因为如此，我们可以感受到《十面埋伏》的热烈，《二泉映月》的哀怨，《平沙落雁》的静美，《汉宫秋月》的悲泣；也可以感受到莫扎特作品的轻灵细腻，贝多芬作品的激情奔放，门德尔松作品的优美典雅，德彪西作品的朦胧伤感。

音乐的节奏性具体是指乐音具有长短、高低、强弱等多种变化组合的形式。节奏是音乐旋律的骨干，也是乐曲结构的基本构成要素。不同的节奏能创造出不同的表现效果，从而使旋律具有鲜明的个性。不同体裁的音乐，节奏也有所不同。例如，进行曲以偶数拍作周期性反复，节奏鲜明，具有雄劲有力的特点；圆舞曲强调第一拍上的重音，旋律流畅，给人一种活泼欢快、富有朝气的感觉。

二、音乐的分类

音乐的种类很多，从大的方面讲，可以将其分为声乐和器乐两大类。

1．声乐

声乐是以人声演唱为主的音乐形式。声为本，情为魂，声情并茂是声乐艺术显著的美学特征，如图3-1所示。歌唱者在深刻理解作曲家和作词者创作意图的基础上，凭借自己的认知体验，通过控制节奏、调整情绪等，将音乐作品的内在特征表现出来，从而更好地传情达意。只有歌唱者的内心情感足够丰富，才能在实际演唱时更好地带动观众的情绪，使观众沉浸其中并产生情感共鸣。

图3-1　声乐表演

声乐的唱法主要有美声唱法、民族唱法、通俗唱法三种类型。

美声唱法（见图3-2）产生于17世纪的意大利，它以音质圆润饱满、音色华丽流畅著称。该唱法依靠科学的呼吸方法和发声方法歌唱，符合人体生理机能的自然规律，因此能减轻由于长期歌唱造成的声带负荷过重与磨损，从而有效延长声带的使用时间。五四运动以后，美声唱法传入中国，对中国声乐艺术的发展起到了巨大的推动作用。

民族唱法（见图3-3）广义上包括进行戏曲、曲艺、民歌表演和演唱带有这三类创作风格的歌曲时采用的唱法；狭义上则是指演唱民族风格较强的声乐作品时所用的唱法。后者在继承和提炼戏曲、曲艺、民歌等民族传统唱法的基础上，又借鉴了西洋唱法，注重声音的民族性，具有音色真实、明亮，气息较深，声带及喉部肌肉紧张度较大的特点。

通俗唱法（见图3-4）也称“流行唱法”，起源于20世纪初的美国，20世纪30年代在我国得到广泛传播。通俗唱法的声音自然，近似说话，演出形式以独唱为主，能很好地表现细腻的情感。通俗唱法自然化、生活化的特点，使其深受青年人的欢迎和喜爱。

图3-2　美声唱法

图3-3　民族唱法

图3-4　通俗唱法

2．器乐

器乐是指用乐器演奏的音乐。其划分方法有很多：根据演奏时乐器（见图3-5）种类的不同，可以将其分为弦乐、管乐、弹拨乐和打击乐四大类；根据演奏方式的不同，可以将其分为独奏曲、重奏曲、齐奏曲、合奏曲等；从音乐体裁来看，又可以将其分为序曲、协奏曲、交响曲、组曲、夜曲、幻想曲、狂想曲等。这里主要介绍序曲、协奏曲、交响曲、组曲、夜曲、幻想曲、狂想曲。

小提琴

萨克斯

古筝

钢琴

图3-5　不同的乐器

序曲是指歌剧、舞剧及其他戏剧作品和声乐、器乐套曲的开始曲。协奏曲是指一件或多件独奏乐器与管弦乐队协同演奏的大型器乐套曲。交响曲是一种由管弦乐队演奏的大型套曲。组曲是指由几个具有相对独立性的乐章，在统一的艺术构思下，排列、组合而成的器乐套曲。夜曲是一种充满浪漫色彩的抒情器乐曲，通常具有安静、抒情、忧郁的风格特点，大多为钢琴曲。幻想曲是一种形式自由、情绪奔放，带有即兴表演风格的器乐曲。狂想曲是一种结构自由、具有英雄气概和史诗风格的器乐曲，通常以缓慢的民歌曲调为基础，经变奏等手法创作而成，具有鲜明的民族特色。

三、音乐欣赏的方法

欣赏一部音乐作品，不仅要具有一定的知识储备和艺术修养，还要掌握正确的欣赏方法。只有这样，才能比较全面地领略音乐的内涵，获得艺术享受。

1. 了解作品的时代背景

音乐作品表达了创作者对现实生活的感受，只有了解作品的创作背景，才能深入体会和理解它所包含的思想感情。例如，由黄自作曲、韦瀚章作词的《旗正飘飘》创作于抗日战争的艰苦时期，反映了当时危急的民族现状，表达了创作者强烈的爱国之情。

2. 了解音乐的民族特征

正如俄国作曲家格林卡所说：“真正创造音乐的是人民，作曲家只不过是把它们编成曲子而已。”一切音乐作品都植根于民族文化和民间音乐。有些作品只是概括地体现了民族音乐语言的某些特点，有些作品则与具体的民间曲调保持着密切的联系，如电影《白毛女》的插曲《扎红头绳》，就采用了山西秧歌《拾麦穗》的基本曲调。

3. 掌握音乐的艺术语言

音乐作为一种独特的艺术形式，有自己独特的艺术语言。音乐语言包括很多要素，如旋律、节奏、节拍、速度、力度、音区、音色、和声、调式、调性等。一部音乐作品的思想内容和艺术美，都要通过音乐的语言来表现。因此，了解和熟悉音乐的艺术语言，对于正确、深入地欣赏音乐大有裨益。

4. 了解音乐作品的曲式、体裁

曲式是音乐材料的排列样式，也就是乐曲的结构布局。曲式有一部曲式、二部曲式、三部曲式、变奏曲式和奏鸣曲式等不同类型。

体裁是音乐的表现形式，用以表现不同的音乐题材和内容，如序曲、协奏曲、交响曲、组曲、夜曲、幻想曲、狂想曲等。

了解音乐作品的曲式、体裁等知识，对于欣赏音乐也有很大帮助。

析美之美

欣赏中国民歌——《茉莉花》

《茉莉花》这首中国民歌起源于南京六合民间传唱百年的《鲜花调》，由军旅作曲家何仿整理改编而成。这首歌采用五声调式（由五个音构成的调式），旋律婉转、流畅，感情细腻，结构均衡，属于单乐段分节歌。第一、二乐句对称工整；第三、四乐句结构压缩、衔接紧密。句尾的切分节奏的运用，使旋律更为轻盈活泼。

歌中抒写了自然界的景物，将茉莉花开时节，满园飘香，美丽的少女们爱花、惜花、怜花、欲采又舍不得采的复杂情感，表达得淋漓尽致，如图3-6所示。这首歌旋律优美平和，符合中国人“以柔克刚”的个性。

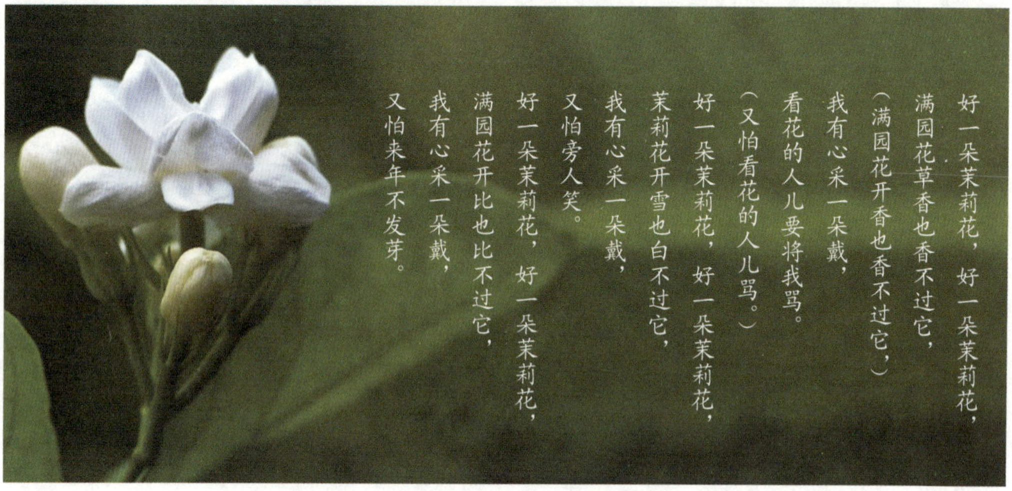

图3-6　中国民歌《茉莉花》歌词

这首歌先后在香港回归祖国政权交接仪式、雅典奥运会闭幕式、北京奥运会开幕式、南京青奥会开幕式等重大活动中演唱，在国际上具有极高的知名度，是中华文化的代表元素之一。因其特殊的地位和象征意义，《茉莉花》被誉为“中国的第二国歌”。

践美之行

2018年的农历大年初一，在央视播出的《经典咏流传》节目中，已经88岁的中国第一代钢琴家巫漪丽上台弹奏了一首经典乐曲《梁祝》，行云流水般的演奏仿佛让整个世界都安静了下来。一个家喻户晓的爱情故事，一首唯美动听的曲子，结合大师的倾情演绎，成就了一段经典传奇。请你欣赏巫漪丽演奏的《梁祝》，体会传统故事和现代音乐的融合，感受天籁之音带来的震撼。

第二节　舞蹈之美

寻美之旅

2022年央视春节联欢晚会上，舞蹈《只此青绿》（见图3-7）为观众献上了一场视觉盛宴：十几名身着青绿衣、长袖飘逸、发髻高耸的舞蹈演员在青山绿水中起舞，她们的舞姿刚柔并济，张弛有度，展现了中国古典舞蹈的艺术魅力。

图3-7　舞蹈《只此青绿》

探美之源

一、舞蹈艺术的美

舞蹈是以经过提炼加工的人体动作为主要表现手段，运用舞蹈语言的基本要素，塑造出具有直观性和动态性的舞蹈形象，表达人们思想感情的一种艺术形式。

舞者伴随音乐翩翩起舞，时而热情高涨，时而柔美抒情（见图3-8），时而舒展有力（见图3-9），让人感觉优雅而震撼。舞蹈艺术的美是多方面的，主要表现在它的动态性、抒情性、表演性和形象性上。

图3-8　柔美抒情的舞蹈动作

图3-9　舒展有力的舞蹈动作

舞蹈艺术的美首先表现在动态性上。所谓动态性，是指舞蹈以人体的躯干和四肢为主要工具，并通过各种动作姿态和造型来形象地反映客观事物，表现人物的精神世界，塑造舞蹈形象。

其次是强烈的抒情性。《毛诗序》中写道："情动于中而形于言，言之不足，故嗟叹之；嗟叹之不足，故永歌之；永歌之不足，不知手之舞之，足之蹈之也。"即将舞蹈视为"达情"的最高层次。舞蹈的一切形式要素，诸如节奏的快慢、动作的大小、力度的强弱、构图的繁简等，都是随着情感的变化而改变的。

最后是表演性和形象性。舞蹈属于一种表演艺术，它的舞台实现有赖于合格的解释者，即舞蹈表演家。只有通过他们的表演，舞蹈才能作为艺术作品而存在，才能显示其审美意义和审美价值。因此，表演性是舞蹈的基本属性。例如，杨丽萍的孔雀舞表演既有强烈的民族特色，又有鲜明的时代风韵，具有很强的力量感和生命力，如图3-10所示。形象性也是舞蹈艺术的显著审美特征，它依靠舞蹈演员的形体动作（即肢体语言）来体现，如芭蕾舞中的白天鹅正是经典的舞蹈形象（见图3-11）。

图3-10　杨丽萍表演的孔雀舞

图3-11　白天鹅的舞蹈形象

二、舞蹈的分类

从总体上讲，舞蹈可以分为生活舞蹈和艺术舞蹈两大类。

1．生活舞蹈

生活舞蹈是与人们的日常生活密切相关的一类舞蹈，目的在于自娱或社交，具有广泛的群众性和普及性。生活舞蹈包括习俗舞蹈、交际舞蹈和体育舞蹈等。

习俗舞蹈是人们在婚配、丧葬、种植、收获及其他特殊节日举行的各种群众性舞蹈形式，表现了各个民族和地区的风俗习惯、社会风貌、文化传统和民族性格特征。

交际舞蹈是人们用来进行社会交往、增进友谊、联络感情的一种舞蹈形式，包括华尔兹、布鲁斯舞、探戈、伦巴、桑巴等，如图3-12、图3-13所示。

图3-12　华丽典雅的华尔兹

图3-13　热情奔放的伦巴

体育舞蹈是将舞蹈和体育相结合，以舞蹈的方式锻炼身体，使身心全面健康发展的舞蹈类型，主要包括各种健身舞、冰上舞蹈、水中舞蹈、艺术体操等，如图3-14、图3-15所示。

图3-14　冰上舞蹈

图3-15　艺术体操

2．艺术舞蹈

艺术舞蹈是指由舞蹈家进行艺术创作后在舞台上表演的一种舞蹈形式。这类舞蹈通常具有较高的技艺水平、完整的艺术构思、鲜明的主题思想和典型的艺术形象。艺术舞蹈的分类方法有很多：从表现形式来看，可以分为独舞、双人舞、三人舞、群舞、组舞、歌舞等；从表现特征来看，可以分为抒情性舞蹈、叙事性舞蹈、戏剧性舞蹈等；从表现风格来看，可以分为民族民间舞蹈、古典舞蹈和现代舞蹈等。

民族民间舞蹈泛指产生并流传于民间、受民俗文化制约、即兴表演但风格相对稳定、以自娱为主要目的的舞蹈形式。民族民间舞蹈历史悠久、题材广泛、内容丰富、千姿百态，直接反映了人民群众的生活，表现人们的思想情感和生活愿望，如图3-16、图3-17所示。

图3-16 《原风》舞台剧照

图3-17 《阳光下的麦盖提》舞台剧照

古典舞是在民族民间舞蹈的基础上进行提炼、整理、加工和创造，而形成的具有一定典范意义和古典风格特点的舞蹈，包括欧洲的芭蕾舞（见图3-18、图3-19）、印度的婆罗多舞、印尼巴厘岛的班耐舞、中国的古典舞（见图3-20）等。

图3-18 芭蕾舞注重脚尖的技巧

图3-19 芭蕾舞注重动作的稳定性与外开性

图3-20　中国古典舞在人体形态上强调“拧、倾、圆、曲”

现代舞主张摆脱动作程式的束缚，以合乎自然运动法则的舞蹈动作，自由地抒发人的真实情感。与古典舞相比，现代舞的动作更为健康、从容和自在，如图3-21所示。

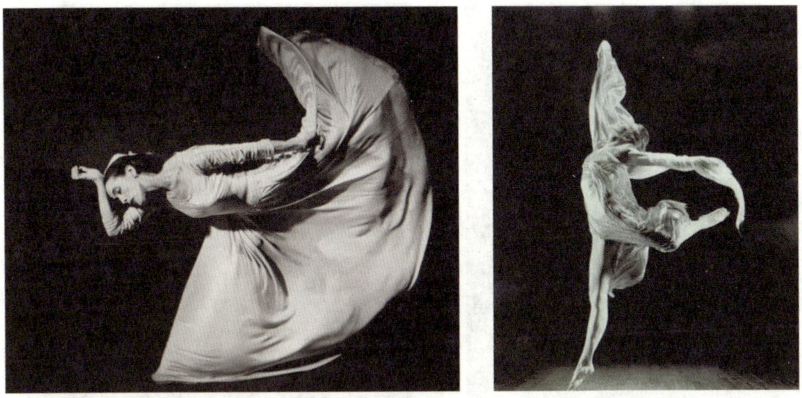

图3-21　现代舞表演

三、舞蹈欣赏的方法

欣赏舞蹈时，可以从动作、表情、节奏、构图、服装、道具、布景、灯光等方面入手。我国著名的舞蹈家吴晓邦认为，欣赏舞蹈最重要的是欣赏表情、节奏和构图。

舞蹈演员的面部表情主要表现为眉、眼、鼻、嘴以及面部肌肉的变化。其中，眼神往往是舞蹈表情的神韵所在。因此在欣赏舞蹈表演时，要着重欣赏舞蹈演员的表情和神态，感受舞蹈演员所传达的情感变化。

音乐对舞蹈非常重要，有音乐伴奏时，舞蹈节奏通常是随着音乐节奏而变化的。音乐的旋律起伏、舞蹈的肢体变化，可以带给欣赏者综合的审美体验。但对于舞蹈来说，音乐并不是必不可少的，没有背景乐时，舞蹈也有自己的节奏，这个节奏蕴含在人体自然运动的规律之中，是舞蹈艺术表演中的重要元素。

舞蹈构图是舞蹈语言在舞台上存在和呈现的方式，也是舞蹈在时间、空间中的动态结构，一般指舞蹈演员在舞台空间的运动线（即不断变化、流动的舞蹈路线或队形）和画面造型，它是欣赏舞蹈时的重要内容。

析美之美

《雀之灵》是舞蹈家杨丽萍自编自演的女子独舞作品，首演于1986年，曾获得第二届全国舞蹈比赛编导一等奖和表演一等奖、“中华民族20世纪舞蹈经典评比”经典作品奖等。

杨丽萍从孔雀的形象入手，将自己的生命体验和真切动人的情感与舞蹈动作融为一体，超越了傣族孔雀舞对孔雀外在形态的简单模拟和再现，创造了一个有生命的、精灵般高洁的舞蹈形象，使作品达到了极高的艺术境界，如图3-22所示。

图3-22 《雀之灵》舞台剧照

在舞蹈表演中，舞蹈家的动作舒展、奔放，修长柔韧的臂膀塑造出孔雀引颈昂首的姿态，手臂、肩、胸、头部和腿部的闪烁性动作，以及手臂关节处有层次的节节律动，表现出孔雀机敏、灵活的神韵和生命的活力，具有独特的艺术魅力。

践美之行

芭蕾舞剧是以舞蹈为主要表现手段，将舞蹈、音乐、戏剧、美术等融合在一起，来刻画人物性格、表现故事情节和传达思想情感的一种舞剧。具有代表性的大型古典芭蕾舞剧有《吉赛尔》《天鹅湖》《睡美人》等（见图3-23、图3-24）。同学们可以从网上查找视频，选择其中一部进行观看，有条件的话可以去剧院现场观看芭蕾舞表演，体会芭蕾舞的优雅和魅力。

图3-23 《吉赛尔》舞台剧照

图3-24 《天鹅湖》舞台剧照

第三节 绘画之美

寻美之旅

《洛神赋图》是东晋顾恺之的画作，原作已失，现存宋代摹本（见图3-25）。该作以三国时期著名诗人曹植的文学作品《洛神赋》为蓝本，曲折细致而又层次分明地叙写了一个因人神道殊、含情痛别的爱情故事，生动传神，是中国美术史上用绘画的形式来表现文学作品的杰作。

图3-25 《洛神赋图》（摹本）局部（顾恺之）

顾恺之笔下的线条紧劲连绵，富有节奏感，被后人称为“春蚕吐丝”。画中线条繁而不杂，长短相间，犹如游丝，气韵绵长，体现出洛神“翩若惊鸿，婉若游龙”的姿态。千变万化的线条刻画出不同的情节和神态，表现了中国古代绘画独有的美学意蕴。

探美之源

一、绘画艺术的美

绘画是美术中最主要的一种艺术形式。它是一门运用线条、色彩等艺术语言，通过构图、造型等艺术手段，在二维空间（即平面）里塑造出静态视觉形象的艺术。

绘画之所以能引人驻足，是因为它包含了艺术家们对艺术的理解与表达。美好的画作或自然天成，简单朴拙，记录真实的生活；或大胆自由、情感张扬，表达对生命的渴望、对时弊的针砭以及对真情的感悟。绘画艺术的美是多方面的，主要表现在造型性、视觉性、瞬间性和表现性上。

绘画作品重视描绘对象的外形，力求准确塑造客观物象的形象。好的画作能通过抓取事物的典型特征表现其真实性。例如，齐白石老先生仅用寥寥几笔深浅浓淡的墨色，就巧妙地表现出群虾活灵活现的活泼动感，如图3-26所示。

此外，绘画是视觉艺术，欣赏者需要用眼睛去看，才能从直观的视觉形象中获得丰富的审美体验，如图3-27所示。

图3-26 《虾》（齐白石）

图3-27 《奔马图》（徐悲鸿）

绘画具有瞬间性，画家可以在动与静的交叉点上，捕捉客观事物发展变化的某一瞬间的形象，并通过物质材料和艺术语言将其记录下来。绘画作品之所以美，是因为它能反映事物变化过程中最精彩的瞬间，如图3-28所示。

图3-28　《杨贵妃上马图》局部（钱选）

绘画能表现出事物内在的精神气质，传达出艺术家的思想情感和审美理想。艺术家通过对生活的长期观察和深入分析，将自己的思想感情融入作品，并运用形式美的法则进行艺术创造。在艺术家的手中，线条、色彩、构图都体现着其独特的兴趣、爱好和个性，欣赏者能够从中感受到艺术家的审美追求、创作特色，甚至能感受到他的艺术风格和所属的艺术流派，如图3-29、图3-30所示。

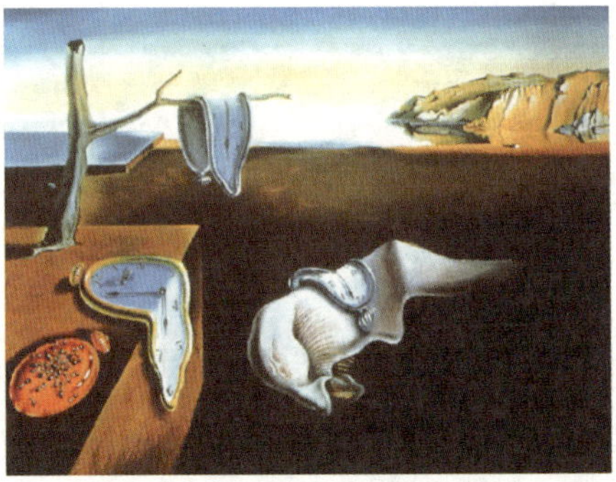

图3-29　《记忆的永恒》（达利）

图3-30　《百老汇爵士乐》（蒙德里安）

二、绘画的分类及特点

1. 中国画

中国画在世界美术领域中自成体系，独具特色，如图3-31、图3-32所示。同西方绘画相比，中国画的特点主要表现在以下几个方面。

图3-31　《秀石疏林图》局部（赵孟頫）

图3-32　《红桃》（齐白石）

第一，中国画又称“水墨画”，它采用中国特制的毛笔、墨或颜料，在宣纸或绢帛上作画。作画时，勾、勒、点、皴等不同技法与烘、染、泼、积、拓等不同墨法相结合，使中国画形成了独特的艺术魅力，如图3-33所示。

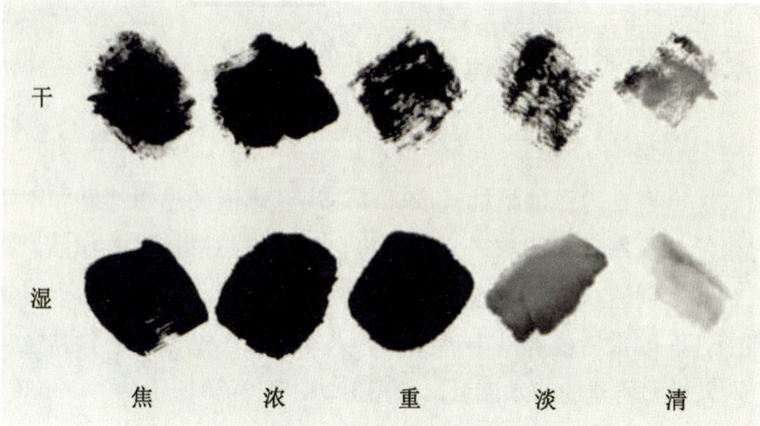

图3-33 丰富的墨色变化

第二，中国画中，无论是工笔画，还是写意画，都非常强调“立意”和“传神”。画家往往只画山水的一个局部、花果的一枝一实，画中的大量留白则留给观众来想象。

第三，中国画常与诗文、书法、篆刻有机结合在一起，它们相互补充，交相辉映，形成了中国画独特的内容美和形式美。例如，晚清民国时期著名国画家、书法家、篆刻家吴昌硕的绘画作品，结合篆刻笔法进行描绘勾勒，并自作诗配合作品的意境，如图3-34所示。

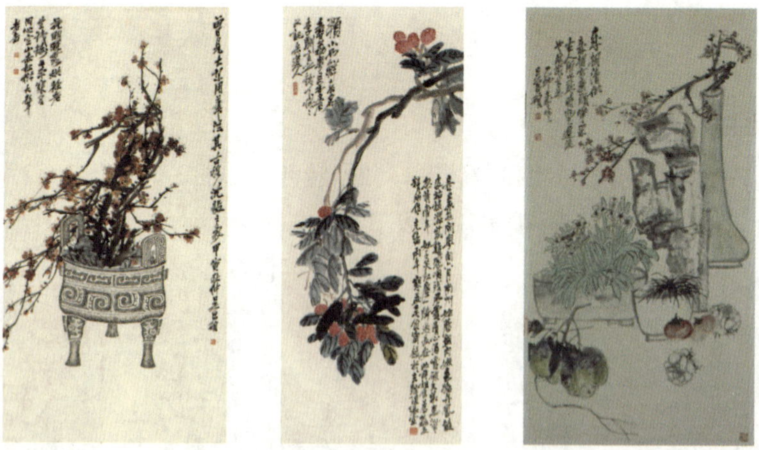

图3-34 吴昌硕作品选

2．油画

油画是西方最具代表性的绘画品种，是用油质颜料在布、木板或厚纸板上画成，其特点是色彩丰富鲜艳，能够充分表现物体的质感，使描绘对象显得生动逼真，如图3-35、图3-36所示。西方绘画追求表现对象的真实和环境的真实。为了达到逼真的艺术效果，其十分讲究比例、明暗、透视等科学法则，并将光学、几何学、解剖学、色彩学等科学的理论知识作为绘画依据。

图3-35 《最后的晚餐》（达·芬奇）

图3-36 《日出·印象》（莫奈）

3．版画

版画是西方绘画的一个重要画种，它是用笔、刀或化学药品在选定的材料上刻画而成。大名鼎鼎的毕加索，是具有超凡的表现热情和创造力、涉猎广泛的艺术巨匠。他除了在油画、雕塑、陶艺等领域取得巨大成就外，还在世界艺术宝库中留下了2 000多幅极富实验精神和开拓意义的版画作品，如图3-37所示。

图3-37 毕加索版画作品

析美之美

缤纷炫目的油画世界

油画凭借颜料的遮盖力和透明性来充分表现描绘对象。将多种油画颜料进行调和，可以创造出丰富的色彩，像斑斓的梦。色调是油画作品的精髓、统领和指挥官，是创作者和欣赏者对审美对象全部色彩的总体感觉。更明确地讲，色调就是对象在共同光源和环境条件下，色彩间相互对比、相互影响而形成的物象色彩的有机整体。

李奥尼德·阿夫列莫夫是调色的高手，他主要使用调色刀与天然油料在画布上作画。其绘画技巧和对色彩层次的运用十分纯熟，令人惊叹，其画作看起来就像是色彩在画布上飘散开来一样。相对于凡·高笔下流畅、衔接的色彩来说，他笔下的色彩让人觉得更为梦幻，如图3-38所示。

图3-38 李奥尼德·阿夫列莫夫作品欣赏

李奥尼德·阿夫列莫夫自述：我喜欢通过画来表现美好的世界，以及与世界融合的感觉。我的作品是我灵魂的声音，它们携带了我对世界的认知、内心的情感和生活的激情。我坚信，真正的艺术能够启迪和哺育人类，让人类在黑暗中寻找到内心的自由。

践美之行

浏览中国美术馆网站“馆藏作品”栏目，欣赏绘画精品，如图3-39所示，并选择自己最喜欢的作品分享给同学们，说一说所选的作品美在哪里。

图3-39　中国美术馆网站“馆藏作品”栏目

第四节　戏剧之美

寻美之旅

《北京人》是中国现代戏剧奠基人曹禺先生的代表作，被誉为“中国现代戏剧文学的巅峰之作”。该剧以一个典型的士大夫家庭——曾家的没落作为戏剧矛盾冲突的线索，折射出几代中国人的命运，可以称之为“中国古代士大夫阶层生命的戏剧写照”。

2018年，由赖声川执导的《北京人》重新登上中国戏剧舞台，赢得了业界和观众的高度认可。全剧剧情紧凑而富有张力，演员表演自然松弛、生动鲜活，独具创意的“黑、白、彩”舞台设计更是为观众带来了感性直观的审美体验，成为话剧舞台诠释大师级作品的典范，如图3-40所示。该剧作为新时代的新经典，让观众看到了中华文化应有的坚守，同时也给中国戏剧舞台带来了新的生机。

图3-40　《北京人》舞台剧照

探美之源

一、戏剧艺术的美

戏剧是由演员扮演角色，并在舞台上当众表演故事情节的一种艺术。在西方，戏剧即指话剧；在中国，戏剧除了指话剧以外，也常被看作是戏曲、话剧、歌剧等艺术类型的总称。由于要供舞台演出，因此戏剧的文学创作受到多方面的制约，使其形成了不同于其他文学体裁的特点。

1. 时间和空间高度集中

戏剧不像小说、散文那样可以不受时间和空间的限制，它要求时间、人物、情节、场景高度集中在舞台范围内。小小的舞台上，几个人的表演就可以代表千军万马；走几圈就能表示跨过了万水千山；变换一个场景，就说明到了一个全新的地方或经过多少年之后……相隔千万里，跨越若干年，都可以通过幕、场的变换在舞台上集中展现。

2. 尖锐的矛盾冲突

戏剧是为了集中反映现实生活中的矛盾冲突而产生的，它通过表现矛盾冲突来展开情节和塑造人物。因此，没有矛盾冲突就没有戏剧。各种文学作品都要表现社会的矛盾冲突，而戏剧则要求表现得更集中、更突出，并要求将其凝缩在受时空限制的舞台演出中。例如，曹禺的代表作《雷雨》，围绕周、鲁两家错综复杂的血缘关系，突出、生动地反映了两个不同阶层的家庭之间的尖锐矛盾，如图3-41所示。

图3-41 《雷雨》海报及舞台剧照

3. 语言个性化

戏剧的语言主要是指台词，即剧中人物所说的话。戏剧的剧本不同于小说，由于剧作家不能直接出面介绍，因此人物的特征只能通过台词来表现。戏剧语言要求通俗自然、简练明确、适合舞台表演，能充分表现人物的性格、身份，同时还应与人物的外部动作结合起来，以表现人物的内心活动，推动剧情的发展。

二、戏剧作品的分类

按照作品的容量划分，戏剧可分为独幕剧和多幕剧。按照作品的题材划分，戏剧可分为历史剧、现代剧、儿童剧等。按照作品的内容性质划分，戏剧又可分为悲剧、喜剧和正剧三大类型。这里主要按照最后一种分类方法进行介绍。

悲剧作为戏剧艺术的主要类型之一，历来被认为是“戏剧之冠”，具有崇高的地位。悲剧常常通过正义的毁灭、英雄的牺牲或主人公苦难的命运，显示出人的巨大精神力量和伟大人格。具有代表性的悲剧作品有《俄狄浦斯王》（索福克勒斯）、《哈姆雷特》（威廉·莎士比亚）、《玩偶之家》（亨利克·易卜生）等。

喜剧的特点是以夸张的手法、巧妙的结构、诙谐的台词，以及对人物性格的刻画，把丑恶、落后事物的本质揭露出来而引人发笑。但笑只是喜剧的手段，而不是目的，其真实目的是通过笑引起人们对生活中反面的、落后的现象的反思和批判。具有代表性的喜剧作品有《伪君子》（莫里哀）、《一仆二主》（卡洛·哥尔多尼）等，如图3-42所示。

图3-42 《一仆二主》舞台剧照

正剧是更加生活化的戏剧，兼有悲剧和喜剧的特点并具有强烈的社会现实意义，著名的正剧有威廉·莎士比亚的《一报还一报》《暴风雨》，德尼·狄德罗的《私生子》《一家之主》等。

三、中国戏曲艺术的特点

中国戏曲种类繁多，据不完全统计，我国地方戏曲剧种有360多种，难以尽述。这里主要介绍京剧、越剧、豫剧、黄梅戏等具有代表性的剧种。

京剧被称为“国剧”，其唱腔以西皮、二黄为主，是多种腔调的和谐统一。它能巧妙地将地方字音与北京字音融为一体，使戏曲的唱白听起来通俗易懂、生动流畅，并富有节奏感和韵律美。京剧的代表人物是“四大名旦”，他们的艺术风格各具特色：梅兰芳端庄典雅，尚小云俏丽刚健，程砚秋深沉委婉，荀慧生娇婉柔媚。

越剧发源于浙江嵊州，被称为“流传最广的地方剧种”。其长于抒情，以唱为主，声音优美动听，表演真切动人，唯美典雅，极具江南灵秀之气。越剧以“才子佳人”题材为主，代表性作品有《梁山伯与祝英台》《红楼梦》《西厢记》等，如图3-43、图3-44所示。

图3-43 《梁山伯与祝英台》舞台剧照

图3-44 《红楼梦》舞台剧照

豫剧发源于河南省，以唱腔铿锵大气、抑扬有度、吐字清晰、生动活泼、有血有肉著称。著名的豫剧表演艺术家有陈素真、常香玉、崔兰田、马金凤等，代表性作品有《抬花轿》《朝阳沟》《穆桂英挂帅》等，如图3-45、图3-46所示。

图3-45 《抬花轿》舞台剧照

图3-46 《朝阳沟》舞台剧照

黄梅戏发源于湖北省，旧称“黄梅调”或“采茶调”，其唱腔淳朴流畅，表演质朴细致，以真实活泼著称，代表性作品有《天仙配》《女驸马》《玉堂春》《牛郎织女》等，如图3-47、图3-48所示。

图3-47 《天仙配》舞台剧照

图3-48 《女驸马》舞台剧照

析美之美

昆曲是我国最古老的剧种之一，是中国戏曲文化的活化石。2004年，一部青春版《牡丹亭》“横空出世”，为昆曲注入了新鲜的血液。青春版《牡丹亭》由著名作家白先勇先生改编，他在明代剧作家汤显祖创作的《牡丹亭》剧本的基础上，根据现代的审美观，利用现代剧场的新概念进行创作，使这部传世经典以青春靓丽的形式重新出现在人们面前。

《牡丹亭》欣赏

青春版《牡丹亭》精致而有诗意：优美的水磨腔、悠扬的笛声、充满韵味的唱词、饱含四功五法的表演，从舞美场景到演员的行头，每个细节都极尽华美精致，演出的各个环节也比传统的舞台戏剧更讲究，恰如一场四百年萦绕不绝的情梦，如图3-49所示。

图3-49 青春版《牡丹亭》海报及剧照

践美之行

登录故宫博物院网站，在其“戏曲馆”栏目中了解中国戏曲的发展历程，欣赏历代戏曲精品。

第五节 影视之美

寻美之旅

图3-50 观看电影

在繁忙的现代生活中，观看影视作品已经成为我们重要的休闲方式，如图3-50所示。空闲的时候看看电影、电视剧或综艺节目，或者沉浸其中、深受触动，或者哈哈大笑、心情放松，或者激情澎湃、忘乎所以，这些都是影视作品带给我们的美好时光。或许我们很难用专业的语言表达影视之美，但影视之美却是每位观众都能深切体会到的。

探美之源

一、影视艺术的美

《大红灯笼高高挂》赏析

影视艺术是电影艺术和电视艺术的合称，由于它们大多都将影像和声音作为艺术表达的方式，因此也可称为“影音艺术”。

影视艺术的美，首先表现在它的综合性上。影视艺术是一种创造性的艺术活动，它将众多艺术元素相融合，形成影视艺术自身新的特征。具体来说，影视艺术借鉴了音乐艺术的节奏感与和谐感；学习了建筑、绘画、雕塑等艺术中的造型技巧以及光线、色彩、构图等表现技法；吸收了文学艺术塑造人物、组织情节、叙述事件、抒发感情等创作手段；学习了戏剧艺术展现矛盾冲突的方法和戏剧演员的表演技法。

影视艺术的美还表现在它的视觉造型性上，电影和电视都是以画面作为视觉造型的核心要素。影视画面是由人、影、物、光、色等多种元素组合起来的综合性造型。在无声电影时代，电影完全是靠视觉造型的独特魅力征服观众的。有声电影发明后，尽管声音发挥了很重要的作用，但是优秀的影视创作者总是在画面的构图、色彩、光线等方面进行精心设计，从而加强视觉效果。视觉造型性是影视艺术创作最基本、最主要的表现手段，也是影视艺术最本质的审美特征之一。

二、影视作品的分类

1. 电影的分类

电影艺术自诞生以来，经过一百多年的发展和演变，已经形成了众多类别和样式。电影分类标准通常是对使用材料、工具、创作手段、表现对象及审美功能等多方面的综合考量。根据这一标准，可以把电影分为故事片、科教片、纪录片和美术片四大片种，这也是国内外比较流行的一种分类方法。

故事片是指由职业或非职业演员扮演有关角色，具有一定故事情节，包含一定主题的艺术影片，如图3-51、图3-52所示。

图3-51 《燃情岁月》剧照

图3-52 《勇敢的心》剧照

科教片的全称是“科学教育片”，是传播科学文化知识、推广先进技术经验、传授工艺方法，为广大群众的社会生活、工作学习等服务的电影类别。

纪录片是以真实生活为创作素材，以真人真事为表现对象，并对其进行艺术性加工的电影类别。它以展现真实为目的，通过对现实生活的真实记录引发人的思考，如图3-53所示。

图3-53 《地球脉动》海报及剧照

美术片是动画片、木偶片、剪纸片的总称，它是一种特殊形式的电影，如图3-54所示。

图3-54 《狮子王2：辛巴的荣耀》海报及剧照

2．电视的分类

电视艺术主要是指电视屏幕上播出的各式各样的文艺节目，包括电视剧、电视综艺节目、电视艺术片、电视专题文艺节目、音乐电视等。这里主要介绍电视剧。

电视剧是电视艺术的主要类型。它的品种较多，从播出时间和篇幅长短的角度来划分，可分为电视短剧、小品、单本剧、连续剧、系列剧等。

电视短剧和小品是篇幅最短的电视剧，相当于文学作品中的微型小说，如图3-55所示；电视单本剧是由完整的故事或情节构成的能一次播完或分上、下两集播出的电视剧，相当于文学作品中的短篇小说；电视连续剧是分集播出的多部、多集电视剧，相当于文学作品中的长篇小说，如图3-56所示；电视系列剧是人物及主题具有连续性，但每一集又具有相对独立性的电视剧，包括情节系列剧和情景喜剧两种，如图3-57所示。

图3-55 小品《吃面条》剧照

图3-56　电视连续剧《如懿传》剧照

图3-57　情景喜剧《武林外传》剧照

析美之美

《天堂电影院》由意大利导演朱塞佩·托纳多雷执导，该片荣获1989年第42届戛纳电影节评审团大奖、1990年第62届奥斯卡最佳外语片奖。

《天堂电影院》讲述的是一个成长在意大利西西里岛的小男孩的故事。主人公多多是一个古灵精怪的小孩子，而艾佛特是“天堂乐园戏院”的放映师，因为电影的缘故，他们建立起亦师亦友的关系。放映师所扮演的是引领者的角色，在多多的童年、青少年、成年，甚至老年，一直带领着多多成长，如图3-58所示。

图3-58　《天堂电影院》剧照

这是一部缅怀电影历史及讲述个人情感历程的作品，影片对时间、空间的表现非常精妙，也有很多巧妙的转场，例如，以声音为过渡的巧妙转场、从幼年多多到青年多多的巧妙转场等，如图3-59、图3-60所示。欣赏这部影片，可以感受到其中绵长、悠远的怀旧气息。

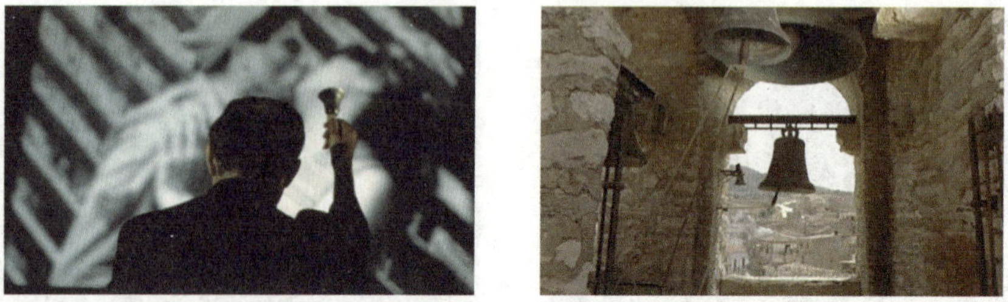

图3-59 《天堂电影院》以声音为过渡的巧妙转场

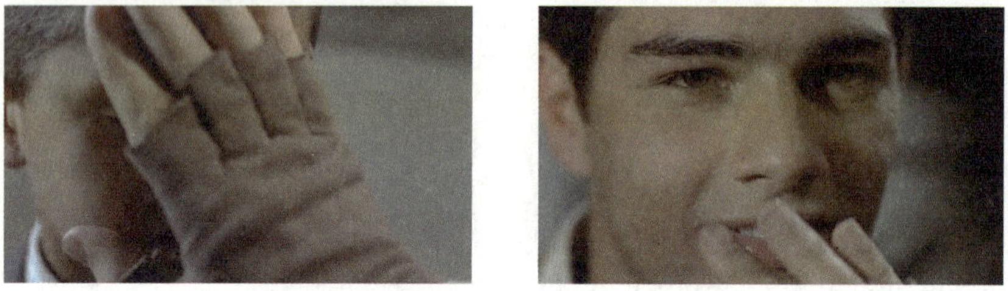

图3-60 《天堂电影院》从幼年多多到青年多多的巧妙转场

践美之行

电影《长津湖》以抗美援朝战争第二次战役中的长津湖战役为背景，讲述了一段波澜壮阔的历史：1950年，中国人民志愿军赴朝作战，在极寒的严酷环境下，东线作战部队凭着钢铁般的意志和英勇无畏的战斗精神一路追击，奋勇杀敌，扭转了战场态势，打出了军威国威。

《长津湖》作为彰显民族精神和爱国主义精神的一部精品力作，透过银幕带给观众逼真的战场认知和深度的情感体验，自上映以来持续引发观影热潮，如图3-61所示。观看这部电影，尝试从艺术欣赏的角度分析该电影取得巨大成功的原因，并说一说其中令你印象深刻的片段。

图3-61 《长津湖》剧照

素质园地

以笔墨传承民族精神——徐悲鸿的爱国情怀

2018年1月，中国美术馆举办“民族与时代——徐悲鸿主题创作大展”，这是观众与美术大家徐悲鸿之间一次难得的对话机会。

徐悲鸿在“五四”以来中国革命的各个时期，创作了《田横五百士》等大批高扬民族精神的名作。“吾国之理想派，乃能大放光明于世界，因吾国五千年来之神话、之历史、之诗歌，蕴藏无尽。”返回中国古代典籍里的历史故事，将文学作品转换为艺术形象，乃是徐悲鸿独辟的一条复兴中华民族精神之道。

《田横五百士》（见图3-62）取材于《史记·田儋列传》，表现了田横与五百壮士离别时的场景，悲壮气概撼人心魄。画中的男女老幼构成悲愤难当的画面节奏，汇成一种英雄主义气概。从1928年至1930年，徐悲鸿用三年时间完成这幅巨作，意在通过田横故事，借古喻今，希望中华民族仍有这种不屈不挠的精神，启迪国民振作精神，复兴中华。

图3-62 《田横五百士》（徐悲鸿）

作为一名正直敏感的艺术家，徐悲鸿时刻心系祖国，将民族气节与艺术叠加，是画品与人品高度统一的艺术巨匠。他的艺术理想及其未完成的志业，在当代仍有非常重大的现实意义。

（资料来源：徐悲鸿文化艺术网，有改动）

4

第四单元　人生的境界：辞章美

单元导读

辞章美是指以语言为表现形式的各类辞章所呈现的美。辞章包括诗词、散文、小说、格言、谚语和对联等一切语言文化样式。由于辞章种类繁杂，数量又特别多，要一一介绍难免蜻蜓点水，无法真正体现辞章美的精髓。因此，本章仅以极富魅力的诗词曲为例对辞章美进行解析。

第一节 诗经之美

寻美之旅

美哉，《诗经》

张吉义

有一种美，无须修饰
那是从心里流出来的长歌
河畔滩头，关关雎（jū）鸠的鸣唱声里
我们听见了“窈窕淑女，君子好逑”的爱情箴言
山野林地，坎坎伐檀声里
我们看见一群袒露的脊背上
迸发出的“不稼不穑，胡取禾三百亿兮”的悲愤
旌旗呼啸处
我们听见了出征将士“岂曰无衣？与子同袍”的怒吼
无论放浪还是婉约
无论高歌引吭还是踱步吟哦
听起来都是那样的自然、真切、活脱、透明
纯粹得就像远古的天空，无邪得就像源头的活水
这，就是《诗经》

有一种美不会凋谢
那是盛开在一个民族血脉上的鲜花
三千多年前，在一个古老的国度里，那些没有留下姓氏的先民
将生活、爱情、劳动揉进琴瑟
穿越于关中走廊、中原沃野、齐鲁大地、燕山脚下
让散布在山间田野里的飞歌流韵
漫延成一条生生不息的歌的长河
这，就是《诗经》

历史的风吹落了无数的皇冠，吹散了无尽的繁华
却吹不断那一串串带响的竹简，以及竹简上留下的无数指纹的风景
三千年涛声云灭，不变的，还是那跳动着生命活力的人性之美
桃之夭夭，灼灼其华
执子之手，与子偕老
谷则异室，死则同穴
呦呦鹿鸣，食野之苹
我有嘉宾，鼓瑟吹笙
这是无与伦比的东方之美啊
美的河流，美的田野，美的天空，美的云彩
更有美的人，美的情操，美的节奏，美的律动
在人类所有关于美的描绘中
《诗经》是最美的容貌
来吧，让我们沿着诗三百的诗行
去踏青，去漂流，去追寻
去拾起尘封记忆中永远的歌
哦，美哉，《诗经》！

探美之源

《诗经》是我国第一部诗歌总集，共包含305篇作品，代表着西周初年至春秋中叶500多年间的诗歌创作成就。《诗经》分为风、雅、颂三个部分。其中，“风”包括《周南》《召南》《邶（bèi）》《鄘（yōng）》《卫》《王》《郑》《齐》《魏》《唐》《秦》《陈》《桧》《曹》《豳（bīn）》，合称“十五国风”，共160篇，多是诸侯国家或地区的民间歌谣；“雅”分《小雅》和《大雅》，共105篇，多是朝廷官吏、公卿大夫的作品；“颂”分《周颂》《鲁颂》《商颂》，共40篇，多是朝廷庙堂、王侯公卿举行祭祀或其他重大典礼时专用的乐歌。

《诗经》之美

汉代学者对《诗经》提出“六义”之说，如《毛诗序》曰：“故诗（即《诗经》）有六义焉：一曰风，二曰赋，三曰比，四曰兴，五曰雅，六曰颂。”其中，“风”“雅”“颂”是就《诗经》类别而言的，既与内容相关，又与音乐相系。“风”的作者主要是民间诗人，所写多是“俚巷歌谣”之诗；“雅”“颂”的作者主要是贵族文人，即所谓“贤人君子”或“圣人之徒”，所写多是朝廷郊庙乐歌之辞。

赋、比、兴则是就《诗经》的艺术手法而言的。朱熹说过“赋者，敷也，敷陈其事而直言之者也”“比者，以彼物比此物也”“兴者，先言他物以引起所咏之词也”。从艺术实践来看，赋是铺陈叙事，描摹景物，状写（描绘）情态（人的心理和肢体活动情形），借以抒情议论的艺术手法；比，就是打比方，是一种渲染事物、突出特征、强化形象的艺术手法，也是一种较为常见的抒情手段；兴，是发端起兴之意，诗人往往先见他物，忽然触动了早已潜伏于头脑中的某种思绪，感情波澜起伏，很自然地唱出自己的心声，具有渲染气氛、衬托意境、耐人寻味的艺术效果。

《诗经》的艺术成就不仅表现在它的艺术手法上，还表现在其章法、句式、韵律和内容等方面。《诗经》常用民歌的重章叠句的结构形式，使章节回环复沓，以强化诗歌的音乐美，增强表情达意的审美效果；多数篇章的典型句式为四言句式，以“二二”节拍为基本节奏，但为了抒情的需要、叙事的连贯，也常常突破四言格式，而运用一、二、三言等句式；其内容涵盖社会生活的方方面面，也涉及劳动人民的思想感情。例如，《硕鼠》《伐檀》揭露了统治者的腐朽；《伯兮》《君子于役》表达了对徭役的憎恨；《静女》《蒹葭》歌颂了男女之间真挚的爱情；《氓》则描述了妇女的不幸遭遇。

《诗经》开创了我国古代现实主义诗歌的先河，被儒家奉为经典，成为《六经》（包括《诗》《书》《礼》《易》《乐》《春秋》）之一。

析美之美

一、《诗经·秦风·蒹葭》赏析

诗经·秦风·蒹葭

蒹葭[1]苍苍[2]，白露为霜。所谓伊人[3]，在水一方。
溯洄[4]从[5]之，道阻且长。溯游[6]从之，宛在水中央。
蒹葭凄凄[7]，白露未晞[8]。所谓伊人，在水之湄[9]。
溯洄从之，道阻且跻[10]。溯游从之，宛在水中坻[11]。
蒹葭采采[12]，白露未已[13]。所谓伊人，在水之涘[14]。
溯洄从之，道阻且右[15]。溯游从之，宛在水中沚[16]。

作品简介

这首诗选自《诗经·国风·秦风》，主要用了“兴”的艺术手法，先绘景再抒情，表达了对“伊人”求之难得、弃之难舍的企盼、追寻、渴求、向往之感。诗中的“伊人”是诗人理想中最亲近的、热烈追求的对象，也是诗人心中美好事物的化身。

注释

①蒹（jiān）葭（jiā）：芦苇。②苍苍：茂盛的样子。③伊人：这个人。④溯洄：逆流而上。⑤从：追寻。⑥溯游：顺流而下。⑦凄凄：通“萋萋”，草木茂盛。⑧晞（xī）：干。⑨湄（méi）：岸边。⑩跻（jī）：登高。⑪坻（chí）：水中的小洲或高地。⑫采采：众多，繁盛。⑬已：止。⑭涘（sì）：水边。⑮右：弯曲，迂回。⑯沚（zhǐ）：水中的小块陆地。

诗化译文

河边芦苇青苍苍，秋深露水结成霜。意中之人在何处？就在河水那一方。
逆着流水去找她，道路险阻又太长。顺着流水去找她，仿佛在那水中央。
河边芦苇密又繁，清晨露水未曾干。意中之人在何处？就在河岸那一边。
逆着流水去找她，道路险阻攀登难。顺着流水去找她，仿佛就在水中滩。
河边芦苇密且稠，早晨露水未全收。意中之人在何处？就在水边那一头。
逆着流水去找她，道路险阻曲难求。顺着流水去找她，仿佛就在水中洲。

作品鉴赏

如果把诗中的“伊人”认定为情人、恋人，那么，这首诗就表现了抒情主人公对美好爱情的执着追求和求而不得的惆怅心情。诗中的精神是可贵的，感情是真挚的，但希望是渺茫的，处境是可悲的。

这首诗最有价值、最能使人产生共鸣的部分，不是抒情主人公的追求和失落，而是他所创造的“在水一方”、可望难即的艺术意境。由于诗中的“伊人”没有具体所指，而河水的意义又在于阻隔，所以凡世间一切因受阻而难以达到的追求，都可以从中找到情感共鸣。这里的“伊人”，可以是贤才、友人、情人，可以是功业、理想、前途，甚至可以是福地、圣境、仙界；这里的“河水”，可以是高山、深堑，可以是宗法、礼教，也可以是现实人生中可能遇到的障碍。

从创作的角度看，这首诗每章的前两句都是以秋景起兴，引出正文。诗人抓住秋色独有的特征，不惜用浓墨重彩反复描绘、渲染深秋空寂悲凉的氛围，以抒写诗人怅然若失而又热烈企慕的心境。这首诗以水、芦苇、霜、露等意象营造了一种朦胧、清新又神秘的意境。早晨的薄雾笼罩着一切，晶莹的露珠已凝成冰霜，一位羞涩的少女缓缓而行。“蒹葭”“水”“伊人”的形象交相辉映，浑然一体，用作起兴的事物与所要描绘的对象形成一个完整的艺术世界，正是“一切景语皆情语”的体现。

总之，《蒹葭》这首诗的丰富美感，不论是从欣赏的角度，还是从创作的角度，都值得我们予以认真探讨。正如著名诗人闻一多所说："我们很难确定它究竟是招隐还是怀春，只觉得它百读不厌。"

二、《诗经·郑风·子衿》赏析

诗经·郑风·子衿

青青子衿①，悠悠②我心。纵我不往，子宁③不嗣音④？

青青子佩⑤，悠悠我思。纵我不往，子宁不来？

挑兮达兮⑥，在城阙⑦兮。一日不见，如三月兮。

作品简介

这首诗是一首情诗。作者热恋着一位青年，他们相约在城阙见面，但久等青年不至，作者望眼欲穿，焦急地来回走动，埋怨情人不来赴约，更怪他不捎信来，于是唱出此诗寄托其情思。曹操在《短歌行》中就引用了"青青子衿，悠悠我心"两句，并将其原有的男女之情升华为渴求人才之叹，《诗经》对后世文人的启发和影响，从中可见一斑。

注 释

① 子衿：周代读书人的服装。子，男子的美称，这里即指"你"。衿，即襟，衣领。② 悠悠：忧思不断的样子。③ 宁（nìng）：岂，难道。④ 嗣音：寄传音讯。嗣，通"贻"，给、寄的意思。⑤ 佩：这里指系佩玉的绶带。⑥ 挑兮达兮：独自走来走去的样子。挑，也作"佻"。⑦ 城阙：城门两边的观楼。

诗化译文

青青的是你的衣领，悠悠的是我的思念。纵然我不曾去会你，难道你不把音信传？

青青的是你的佩带，悠悠的是我的情怀。纵然我不曾去找你，难道你不能主动来？

来来往往张眼望啊，在这高高的城楼上。一天不见你的面啊，好像有三月那样长！

作品鉴赏

这首诗写一名女子在城楼上等候她的恋人。前两章以"我"的口气自述怀人。"青青子衿""青青子佩"，是以恋人的衣饰借指恋人。对方的衣饰给她留下这么深刻的印象，使她念念不忘，可见其相思萦怀之情。如今因受阻不能前去赴约，只好等恋人过来相会，可望穿秋水，不见人影儿，浓浓的爱意不由转化为惆怅与幽怨："纵然我没有去找你，你为何就不能捎个音信？纵然我没有去找你，你为何就不能主动前来？”第三章点明地点，描写她因久候恋人不至而心烦意乱，在城楼上来来回回地走个不停，觉得虽然只有一天没见面，却好像分别了三个月那么漫长。

全诗不到五十个字，但女主人公等待恋人时焦灼万分的情状宛若眼前。能取得这种艺术效果，在于诗人在创作中运用了大量的心理描写。诗中表现这名女子的动作行为仅仅使用了“挑”“达”二字，主要笔墨都用在了刻画她的心理活动上，如前两章对恋人既全无音信，又不见人影儿的埋怨。两段埋怨之辞，以“纵我”与“子宁”对比，急盼之情中不无矜持之态，令人生出无限想象，可谓字少而意多。末尾的内心独白，则通过夸张的修辞技巧，造成主观时间与客观时间的反差，从而将其强烈的情绪形象地表现了出来。心理描写手法在后世文坛发展得十分成熟，而上溯其源，此诗已开其先。

这首诗是《诗经》众多情爱诗歌作品中较有代表性的一篇，它鲜明地体现了那个时代的女性所具有的独立、自主、平等的思想观念和精神实质，女主人公在诗中大胆表达自己的情感，这在《诗经》以后的历代文学作品中也是少见的。

践美之行

《诗经》中有许多名篇，下面列举其中两篇，请同学们赏析、朗诵，并以班级为单位，举办以《诗经》为主题的诵咏会，共同体验《诗经》中的“思无邪”。

诗经·王风·采葛

彼采葛兮，一日不见，如三月兮！
彼采萧兮，一日不见，如三秋兮！
彼采艾兮，一日不见，如三岁兮！

诗经·卫风·木瓜

投我以木瓜，报之以琼琚。匪报也，永以为好也！
投我以木桃，报之以琼瑶。匪报也，永以为好也！
投我以木李，报之以琼玖。匪报也，永以为好也！

第二节 唐诗之美

寻美之旅

唐诗之美

刘禹锡放出他的堂前燕
一飞就是上千年
夜半钟声传至今
现代人能否登上诗人的客船
李白送友，杜甫逢君
迎来送往成为你我心中的绝唱
牧童一指，杜牧先生让野村出了名
浩然风雨声，发酵了世人多少美梦
天地悠悠
走来了一个陈子昂，伟大而忧伤

春风化雨，唐诗化人
床前明月光，疑是地上霜
儿时的吟诵伴着华人走向四方
唐诗一唱，天下美名远扬
啊，我们都是中国人
中国人称唐人
唐诗就是我们的魂
喜乐哀愁总是美的感受
悲欢离合总是苍茫的感觉
中国人的思，中国人的情
能否像那堂前的燕
再越千年，越光年
越千年，越光年
让我们吟诵，让我们高唱

举头望明月，低头思故乡

举头望月，方知我们是一家人

低头思乡，才知我们拥有共同的根

人类的思，人类的情

能否像那堂前的燕

再越千年，越光年

越千年，越光年

飞入银河内外舞蹁跹

探美之源

一、唐诗的形式

唐诗是中华民族最珍贵的文化遗产之一，是中华文化宝库中的一颗明珠。唐诗的形式和风格丰富多彩。它不仅继承了汉魏民歌、乐府传统，还大大发展了歌行体的样式；不仅继承了前代的五言、七言古诗，还发展为叙事言情的鸿篇巨制；不仅扩展了五言、七言形式的运用，还创造了风格优美整齐的近体诗。

唐代古体诗又称“古风”，其对音韵格律的要求比较宽松：一首之中，句数可多可少，篇章可长可短，韵脚可以转换。唐代近体诗又称“格律诗”，其对音韵格律的要求比较严格：一首诗的句数有限定，即绝句四句、律诗八句，每句诗中用字的平仄声有一定的规律，韵脚不能转换，律诗还要求中间四句对仗。近体诗是当时的新体诗，它的创造和成熟，是唐代诗歌发展史上的一件大事。它把我国古曲诗歌的音节和谐、文字精练的艺术特色，推到前所未有的高度，为古代抒情诗找到一个最典型的形式，至今还为人们所喜闻乐见。

二、唐诗的分期

初唐时期：这一时期的代表作家是“初唐四杰”——王勃、杨炯、卢照邻、骆宾王。他们的诗文虽未完全脱离齐梁以来的绮丽诗风，但已初步扭转文学风气。初唐诗人的另一个代表人物是陈子昂，他的诗文一扫六代纤弱，重建建安风骨，为盛唐时期诗歌的发展奠定了基础。在文风上，初唐时期的作品气象万千、雄浑博大，已经从南北朝狭隘的宫体诗（既指一种描写宫廷生活的诗体，又指在宫廷中形成的一种诗风）中逐渐走了出来，开辟了新的世界。

盛唐时期：这一时期社会经济繁荣，国力强盛，唐诗发展至巅峰时期。该时期唐诗题材广泛，流派众多，出现了“边塞诗派”“山水田园诗派”等派别。伟大的浪漫主义诗人李白和现实主义诗人杜甫，是这一时期的杰出代表。他们的诗雄视千古，为一代之冠，无论五律七律、五绝七绝、古风歌行皆取得很高的艺术成就，正如韩愈所说“李杜文章在，光焰万丈长”。该时期脍炙人口的名篇佳作不胜枚举，如王维的《相思》、孟浩然的《春晓》、李白的《静夜思》《梦游天姥吟留别》《将进酒》、杜甫的《春望》等。

中唐时期：该时期白居易、元稹发起了新乐府运动。白居易提出“文章合为时而著，歌诗合为事而作”的进步理论主张，其诗明白晓畅，通俗易懂，深受群众喜爱，代表作有《长恨歌》《琵琶行》等；元稹的代表作有《菊花》《离思五首》《遣悲怀三首》等。此外，刘禹锡、李贺也颇有成就。

晚唐时期：该时期较著名的诗人有温庭筠、李商隐、杜牧、韦庄等。其中，李商隐和杜牧被称为“小李杜”。

三、唐诗的派别

从诗歌题材来看，唐诗的派别主要有山水田园诗派和边塞诗派。

山水田园诗派的题材多为青山白云、幽人隐士，风格多恬静雅淡，富于阴柔之美，形式多五言古诗、五言绝句、五言律诗，代表作品有王维的《山居秋暝》和孟浩然的《过故人庄》等。

边塞诗派的诗有的描写战争与战场，表现保家卫国的英勇精神；有的描写雄浑壮美的边塞风光、奇异的风土人情；有的描写战争的残酷、军中的黑暗、征戍的艰辛，表达对和平的向往和忧国忧民的情怀。边塞诗派的代表作品有高适的《燕歌行》《蓟门行五首》《塞上》《塞下曲》、岑参的《白雪歌送武判官归京》、王昌龄的《出塞》、李益的《从军北征》、王之涣的《凉州词》、李颀的《古意》等。

从诗歌风格来看，唐诗的派别主要有浪漫诗派和现实诗派。

浪漫诗派以抒发个人情怀为中心，多咏唱对自由人生、个人价值的渴望与追求，风格多自由、奔放，想象丰富，气势宏大，主张语言自然，反对雕琢，代表作品有李白的《月下独酌四首》《梦游天姥吟留别》《蜀道难》等。

现实诗派多表现忧时伤世、悲天悯人的情怀，风格多沉郁顿挫，代表作品有杜甫的《登高》《春望》《客至》《兵车行》等。

四、诗人的称号

（1）诗骨：陈子昂，其诗词意激昂，风格高峻，大有“汉魏风骨”。

（2）诗杰：王勃，其诗流利婉畅，宏放浑厚，独具一格。

（3）诗狂：贺知章，其人秉性放达，自号“四明狂客”，其诗豪放旷达。

（4）诗家天子（另一种说法是“诗家夫子”）、七绝圣手：王昌龄，其七绝写得

"深情幽怨，意旨微茫"。

（5）诗仙：李白，其诗想象丰富奇特，风格雄浑奔放，色彩绚丽，语言清新自然。

（6）诗圣：杜甫，其诗紧密结合时事，思想深厚，境界广阔。

（7）诗佛：王维，其不少诗歌中有浓厚佛教禅宗意味，以禅入诗。

（8）诗鬼：李贺，其诗善于熔铸词采，驰骋想象，且运用神话传说创造出许多璀璨多彩的形象。

（9）诗魔：白居易，其作诗非常刻苦，"酒狂又引诗魔发，日午悲吟到日西"。

（10）诗豪：刘禹锡，其诗沉稳凝重，格调自然，白居易赠其"诗豪"的美誉。

（11）诗囚：孟郊，其作诗苦心孤诣，多写世态炎凉、民间苦难，元好问曾称之为"诗囚"。

（12）诗奴：贾岛，其一生以作诗为命，好刻意苦吟。

析美之美

一、《送杜少府之任蜀州》赏析

送杜少府之任蜀州

（初唐）王勃

城阙辅三秦[1]，风烟望五津[2]。
与君[3]离别意，同是宦游[4]人。
海内[5]存知己，天涯[6]若比邻[7]。
无为[8]在歧路[9]，儿女共沾巾[10]。

《送杜少府之任蜀州》欣赏

作品简介

王勃，初唐诗人，字子安，绛州龙门（今山西河津）人。"少府"是唐代对县尉的通称。这位姓杜的少府将到四川蜀州（今四川崇州）去上任，王勃在长安（今陕西西安）相送，临别时赠送给杜少府这首送别诗。

注 释

① 城阙（què）辅三秦：城阙，即城楼，指唐代京师长安城。辅，护卫。三秦，指长安城附近的关中之地，即今陕西省潼关以西一带。这句是倒装句，意思是京师长安由三秦保护。② 风烟望五津："风烟"两字名词用作状语，表示行为的处所；五津，指岷江的五个渡口，即白华津、万里津、江首津、涉头津、江南津，这里泛指

蜀州。全句是说在风烟迷茫之中，遥望蜀州。③ 君：对人的尊称，相当于“您”。④ 宦（huàn）游：出外做官。⑤ 海内：四海之内，即全国各地。⑥ 天涯：天边，这里比喻极远的地方。⑦ 比邻：并邻，近邻。⑧ 无为：无须、不必。⑨ 歧（qí）路：岔路。古人送行常在大路分岔处告别。⑩ 沾巾：泪水沾湿衣服和腰带。意思是挥泪告别。

诗化译文

巍巍长安，雄踞三秦之地；渺渺四川，却在迢迢远方。

你我命运何等相仿，奔波仕途，远离家乡。

只要有知心朋友，四海之内不觉遥远。即便在天涯海角，感觉就像近邻一样。

岔道分手，实在不用儿女情长，泪洒衣裳。

作品鉴赏

首联“城阙辅三秦，风烟望五津”，一起笔就创造出雄浑壮阔的气象，使人有一种天空寥廓、意境高远的感受，为全诗奠定了豪壮的感情基调。

颔联“与君离别意，同是宦游人”，作者在这里用两人处境相同、感情一致来宽慰朋友，以减轻他的悲凉和孤独之感，惜别之中显现诗人阔大的胸襟。

颈联“海内存知己，天涯若比邻”，把前面淡淡的伤离情绪一笔荡开，诗人指出，只要我们心意相通，即使远隔天涯，也犹如近在咫尺。这句诗含义极为深刻，道出了诚挚的友谊可以超越时空界限的哲理，给人以莫大的安慰和鼓舞，因而成为脍炙人口的千古名句。

尾联“无为在歧路，儿女共沾巾”，慰勉友人不要像青年男女一样，为离别泪湿衣巾，而要心胸豁达，坦然面对，足见情深意长。同时，全诗气氛变悲凉为豪放。

这首诗四联均紧扣“离别”起承转合，诗中既展现了离情别意及友情，又具有深刻的哲理、开阔的意境、高昂的格调，不愧为古代送别诗中的佳作。

二、《望月有感》赏析

望月有感[1]

（中唐）白居易

自河南经乱[2]，关内[3]阻饥[4]，兄弟离散，各在一处。因望月有感，聊书所怀，寄上浮梁大兄[5]、於潜七兄[6]、乌江十五兄[7]，兼示符离[8]及下邽[9]弟妹。

时难年荒[10]世业[11]空，弟兄羁旅[12]各西东。

田园寥落[13]干戈后，骨肉流离道路中。

吊影[14]分为千里雁[15]，辞根[16]散作九秋蓬[17]。

共看明月应垂泪，一夜乡心[18]五处同。

作品简介

白居易，字乐天，号香山居士，又号醉吟先生，祖籍山西太原，后迁居陕西下邽（guī），代表诗作有《长恨歌》《卖炭翁》《琵琶行》等。这首诗约作于公元799年秋至800年春之间，当时“河南经乱”，使得“关内阻饥”，田园荒芜，骨肉离散，诗人不免忧国思亲，伤乱悲离。

注释

①“自河南……弟妹”为原题，这里用作小序。题目为编者所拟。② 河南经乱：唐德宗贞元十五年，开封宣武节度使董晋死后，部下叛乱，接着汝南彰义军节度使吴少诚又叛乱，战争规模大、时间长，白居易老家河南新郑受到严重影响。③ 关内：在今陕西、甘肃一带。④ 阻饥：遭受饥荒等困难。⑤ 浮梁大兄：白居易的长兄白幼文，时任浮梁（今属江西景德镇）主簿。⑥ 於潜七兄：白居易叔父白季康的长子，时任於潜（今属浙江临安区）县尉。⑦ 乌江十五兄：白居易的从兄白逸，时任乌江（今属安徽和县）主簿。⑧ 符离：今属安徽宿州。当时白居易正在符离探亲。⑨ 下邽：今属陕西渭南，白氏祖居曾在此。⑩ 时难年荒：遭受战乱和灾荒。⑪ 世业：祖传的产业。⑫ 羁旅：漂泊流浪。⑬ 寥落：荒芜零落。⑭ 吊影：一个人孤身独处，没有伴侣。⑮ 千里雁：比喻兄弟们相隔千里，皆如孤雁离群。⑯ 辞根：草木离开根部，比喻兄弟们各自背井离乡。⑰ 九秋蓬：深秋时节随风飞散的蓬草，古人用来比喻游子在异乡漂泊。九秋，深秋。⑱ 乡心：思亲恋乡之心。

诗化译文

自从河南地区经历战乱，关内一带漕运受阻致使饥荒四起，我们兄弟也因此流离失散，各自在一处。因为看到月亮而有所感触，便随性写诗一首来记录感想，寄给在浮梁的大哥、在於潜的七哥、在乌江的十五哥和在符离、下邽的弟弟妹妹们看。

家业在灾年中荡然一空，兄弟分散各地你西我东。

战乱过后田园荒芜寥落，骨肉逃散在异乡道路中。

吊影伤情好像离群孤雁，漂泊无踪如断根的秋蓬。

同看明月都该伤心落泪，一夜思乡心情五地相同。

作品鉴赏

这是一首感情浓郁的抒情诗。全诗意在写诗人经战乱之后，对诸位兄弟姊妹和故乡的思念之情。诗人以“雁”“蓬”作比：手足离散各在一方，犹如那离群的孤雁，只能吊影自怜；辞别故乡流离四方，又多么像深秋中断根的蓬草，随着萧瑟的西风，飞空而去，飘转无定，饱经战乱零落之苦。

孤单的诗人凄惶中夜深难寐，举首遥望孤悬夜空的明月，情不自禁地联想到分散在各地的兄长弟妹们。他想：如果此时大家都在举目遥望这轮引起无限乡思的明月，也会和自己一样潸潸泪垂吧！恐怕这一夜之中，流散五处深切思念家园的心，也都会是相同的。诗人在这里以绵邈真挚的诗思，刻画出一幅五地望月共生乡愁的图景，从而收结全诗，创造出浑朴真淳、引人共鸣的艺术境界。

全诗以白描的手法，采用平易的家常话语，不用典故，不事藻绘，语言浅白平实而又意蕴精深，抒写了人们共有却又不是人人都能道出的真实情感，深切动人。

三、《月下独酌四首·其一》赏析

月下独酌四首·其一

（盛唐）李白

花间一壶酒，独酌无相亲①。
举杯邀明月，对影成三人②。
月既不解③饮，影徒④随我身。
暂伴月将⑤影，行乐须及春⑥。
我歌月徘徊⑦，我舞影零乱⑧。
醒时同交欢⑨，醉后各分散。
永结无情游⑩，相期邈⑪云汉⑫。

作品简介

李白，字太白，号青莲居士，是唐代伟大的浪漫主义诗人。《月下独酌四首》是李白的组诗作品，这是其中一首，约作于唐玄宗天宝三载（744年），此时李白正处于官场失意之时。

注 释

① 无相亲：没有亲近的人。②“举杯”二句：我举起酒杯招引明月共饮，明月、我及我的影子恰恰合成三人。另有一说月下人影、酒中人影和我为三人。③ 不解：不懂，不理解。④ 徒：徒然，空。⑤ 将：和，共。⑥ 及春：趁着春光明媚之时。⑦ 月徘徊：月光随我来回移动。⑧ 影零乱：因起舞而身影纷乱。⑨ 同交欢：一起欢乐。⑩ 无情游：月、影没有知觉，不懂感情，李白与之结交，故称“无情游”。

⑪ 邈（miǎo）：遥远。⑫ 云汉：银河，这里指瑶天仙境。

诗化译文

提一壶美酒摆在花丛间，自斟自酌无友无亲。
举杯邀请明月，对着身影共三人。
明月当然不会喝酒，影子也只是空随我身。
我只好和它们暂时结成酒伴，要行乐就须把握美好的春光。
我唱歌月光徘徊，我起舞身影零乱。
醒时一起欢乐，醉后各自分散。
我愿与他们永远结下忘掉伤情的友谊，相约在缥缈的银河边。

作品鉴赏

诗的题目是“月下独酌”，诗人运用丰富的想象，表现出一种由孤独到不孤独，再由不孤独到孤独的复杂情感。诗人上场时，背景是花间，道具是一壶酒，登场角色只他一个人，动作是独酌，加上“无相亲”三个字，场面单调得很。于是诗人突发奇想，把天边的明月和月光下他的影子拉了过来，连他自己在内，化成了三个人，举杯共酌，冷清的场面顿时热闹了起来。从表面看，诗人自得其乐，可是内心深处却有无限的凄凉。全诗笔触细腻，构思奇特，体现了诗人怀才不遇的寂寞和孤傲，以及在失意中依然旷达乐观、放浪形骸、狂荡不羁的豪放个性。全诗诗情波澜起伏，为后人所传诵。

四、《题乌江亭》赏析

题乌江亭

（晚唐）杜牧

胜败兵家事不期[①]，包羞忍耻[②]是男儿。
江东[③]子弟多才俊[④]，卷土重来[⑤]未可知。

作品简介

杜牧，字牧之，号樊川居士，京兆万年（今陕西西安）人，著有《樊川文集》。杜牧于公元841年赴任池州刺史时，路过乌江亭（相传为西楚霸王项羽自刎之处），写下了这首咏史诗。

注释

① 不期：难以预料。② 包羞忍耻：意为大丈夫能屈能伸，应有忍受屈耻的胸襟气度。③ 江东：自汉至隋唐称自安徽芜湖以南的长江南岸地区为江东。④ 才俊：才能出众的人。⑤ 卷土重来：失败以后，整顿以求再起。

诗化译文

胜败乃是兵家常事，难以事前预料。能够忍辱负重，才是真正的男儿。

西楚霸王啊，江东子弟人才济济，若能重整旗鼓卷土杀回，楚汉相争，谁输谁赢还很难说。

作品鉴赏

这首诗首句说胜败乃兵家常事，次句批评项羽胸襟不够宽广，缺乏大将气度，三、四句设想如果项羽回江东重整旗鼓，说不定就可以卷土重来。这里有对项羽负气自刎的惋惜，但主要的意思是批评他刚愎自用，不善于听取别人的建议。

诗人通过提出自己的假设性推想，强调兵家须有远见卓识和不屈不挠的意志，从而劝导人们应百折不挠，这种议论方法不落窠臼，是杜牧咏史诗的特色。诸如“东风不与周郎便，铜雀春深锁二乔”（《赤壁》），“南军不袒左边袖，四老安刘是灭刘”（《题商山四皓庙一绝》），都是反说其事，笔调都与这首诗类似。

践美之行

每一首唐诗，都是鲜活的游历图；每一位诗人，都是资深的旅行家。以班级为单位，举办“唐诗带我去旅行”活动，让同学们给唐诗配图、配游记、配感悟、配视频等，并在班会上进行朗诵、分享，通过多种方式品读唐诗的悠悠古韵，共赏祖国的壮美山河，让同学们足不出户就能游遍大美中国，品味文化远香，涵养文化自信。

第三节 宋词之美

寻美之旅

鹤冲天·宋词之美

绵绵宋词，道不完愁思。苏轼登楼叹，江水逝。放翁泪示儿，才女清照戚戚，辛翁呼剑气。斜阳小径，更添哀怨几丝。

才子柳永，自诩白衣卿相。豪放婉约风，俱跌宕。品罢诸贤心绪，茶一盏，细思量。多情易感伤，穿越千古，仍是情深绵长……

探美之源

一、宋词的特点

在中国古代文学的阆（làng）苑里，宋词是一座芬芳绚丽的园圃。它以姹紫嫣红、千姿百态的神韵，与唐诗争奇，与元曲斗艳，是一代文学之盛。

词是音乐文学，是一种句式长短不齐的用以配乐歌唱的抒情诗，即先有了曲谱，然后再“倚声填词”。按长短规模，词大致可分小令（58字以内，不分上下阕）、中调（59～90字）和长调（91字以上，最长的词达240字）。一首词，有的只有一段，称为单调；有的分两段，称为双调；有的分三段或四段，称为三叠或四叠。宋词的句子有长有短，便于歌唱。因宋词是合乐的歌词，故又称“曲子词”“乐府”“乐章”“长短句”“诗余”“琴趣”等。

二、词牌的来源

每首词都有一个表示音乐性的词牌，又叫“词调”，用来规定词的音律。正所谓“调有定句，句有定字，字有定声”。而关于词牌的来源，通常有以下三种情况。

1．乐曲的名称

有些词牌本来是乐曲的名称，如《菩萨蛮》。相传唐代大中初年，女蛮国派遣使者进贡，她们梳着高髻，戴着金冠，满身璎（yīng）珞（luò），看起来像菩萨，当时的教坊因此谱成《菩萨蛮》曲。据说唐宣宗爱唱《菩萨蛮》，可见它是当时风行一时的曲子。此外，《西江月》《风入松》《蝶恋花》等，都属于这一类，都是来自民间的曲调。

2. 摘取一首词中的几个字

有些词牌是摘取了一首词中的几个字，如《忆秦娥》。因为依照这个格式写出的最初一首词开头两句是“箫声咽，秦娥梦断秦楼月”，所以词牌既叫《忆秦娥》，又叫《秦楼月》。类似地，《忆江南》原名《望江南》，但因白居易有一首咏“江南好”的词的最后一句是“能不忆江南”，所以词牌又叫《忆江南》；《如梦令》原名《忆仙姿》，改名《如梦令》是因为后唐庄宗所写的《忆仙姿》中有“如梦，如梦，残月落花烟重”等句；《念奴娇》又叫《大江东去》，这是由于苏轼有一首《念奴娇》，其第一句是“大江东去”。

3. 词的题目

有些词牌本来就是词的题目。例如，《踏歌词》咏的是舞蹈，《舞马词》咏的是舞马，《欸乃曲》咏的是泛舟，《渔歌子》咏的是打鱼，《浪淘沙》咏的是浪淘沙，《抛球乐》咏的是抛绣球，《更漏子》咏的是夜……这种情况是最普遍的，凡是词牌下面注明“本意”的，就是表明词牌同时也是词题，也就不再另拟题目了。

三、宋词的派别

按照风格划分，宋词的派别主要可分为婉约派和豪放派。

“婉约”一词，最早见于先秦古籍《国语·吴语》中的“故婉约其辞”，“婉”为柔美、婉曲；“约”的本义为缠束，引申为隐约、微妙。“婉约”颇能概括一大类词的特色。从晚唐五代文人到温庭筠、冯延巳、晏殊、欧阳修、秦观、李清照等，一系列词坛名家的词风虽不无差别、各擅胜场，但大体上都可归于婉约范畴。

婉约派词多写男女情爱、离情别绪、伤春悲秋、光景流连，其风格多婉丽柔美、含蓄蕴藉，一般结构缜密，重视音律婉转和谐，语言圆润，清新绮丽，具有柔婉之美，代表作品有李煜的《虞美人·春花秋月何时了》、晏殊的《浣溪沙·一曲新词酒一杯》、李清照的《如梦令·常记溪亭日暮》、柳永的《雨霖铃·寒蝉凄切》等。

“豪放”一词其义自明。五代李煜的“金剑已沉埋，壮气蒿莱”（《浪淘沙》），已见豪气。范仲淹的《渔家傲·秋思》也是“沉雄似张巡五言”。正式高举豪放旗帜的是苏轼，其《江城子·密州出猎》抒发了自己“亲射虎，看孙郎”的豪迈和“会挽雕弓如满月，西北望，射天狼”的壮志，与辛弃疾的“马作的卢飞快，弓如霹雳弦惊”（《破阵子·为陈同甫赋壮词以寄之》）及“看试手，补天裂”（《贺新郎》）等“壮词”先后映辉，使得豪放之作在词坛振起雄风，彰显了强烈的爱国主义精神，唱出了当时的时代最强音。

然而，苏轼认为“短长肥瘦各有态”“淡妆浓抹总相宜”“端庄杂流丽，刚健含婀娜”。他崇尚自由而不拘一格，因此其诗词也并不拘泥于豪放一格。

总的来说，豪放派词的特点是创作视野较为广阔，气势恢宏，磅礴大气，语词宏博，用典较多，代表作品有苏轼的《江城子·密州出猎》、辛弃疾的《破阵子·为陈同甫赋壮词以寄之》、陆游的《卜算子·咏梅》等。

析美之美

一、《相见欢·无言独上西楼》赏析

相见欢·无言独上西楼

（五代·南唐）李煜

无言独上西楼，月如钩。寂寞梧桐深院锁清秋①。

剪不断，理还乱，是离愁②。别是一般③滋味在心头。

作品简介

李煜，五代十国时南唐国君，字重光，初名从嘉，号钟隐，彭城（今江苏徐州）人，史称“南唐后主”。开宝八年（975年），宋军破南唐都城，李煜降宋，被俘至汴京，后因作感怀故国的名词《虞美人·春花秋月何时了》而被宋太宗毒死。李煜虽不通政治，但其艺术才华非凡，他精书法，善绘画，通音律，诗和文均有一定造诣，尤以词的成就最高，有千古杰作《虞美人·春花秋月何时了》《浪淘沙》《乌夜啼》等词，故被称为“千古词帝”。

“千古词帝”李煜

李煜的词以被俘为界，分为前后两期，前期词作多描写宫廷生活与男欢女爱，香艳精致，才情蕴藉；后期词作多倾泻失国之痛和去国之思，沉郁哀婉，感人至深。《相见欢·无言独上西楼》便是后期词作中很有代表性的一首。

注 释

① 锁清秋：深深地被秋色笼罩。清秋，一作深秋。② 离愁：离开故国之愁。③ 别是一般：另有一种意味。别是，一作别有。

诗化译文

默默无言，孤孤单单，独自一人缓缓登上空空的西楼。抬头望天，只有一弯如钩的冷月相伴。低头望去，只见梧桐树孤立院中，幽深的庭院被笼罩在清冷凄凉的

秋色之中。

那剪也剪不断，理也理不清，让人心乱如麻的，正是亡国之苦。那悠悠愁思缠绕在心头，却又是另一种无可名状的痛苦。

作品鉴赏

李煜的这首词情景交融，感情沉郁。上阕选取典型的景物为感情的抒发渲染铺垫，下阕借用形象的比喻委婉含蓄地抒发真挚的感情。此外，运用声韵变化，做到声情合一。下阕押两个仄声韵（“断”“乱”），插在平韵中间，加强了顿挫的语气，似断似续；同时在三个短句之后接以九言长句，铿锵有力，富有韵律美，也恰当地表现了词人悲痛沉郁的感情。

明代沈际飞在《草堂诗余续集》中评价说：“七情所至，浅尝者说破，深尝者说不破。破之浅，不破之深。‘别是一般滋味在心头’句妙。”今人唐圭璋在《唐宋词简释》中说：“此词写别愁，凄惋已极。……所谓‘别是一般滋味’，是无人尝过之滋味，惟有自家领略也。后主以南朝天子，而为北地幽囚；其所受之痛苦，所尝之滋味，自与常人不同。心头所交集者，不知是悔是恨，欲说则无从说起，且亦无人可说，故但云‘别是一般滋味’。”

二、《卜算子·咏梅》赏析

卜算子·咏梅

（南宋）陆游

驿外断桥边，寂寞开无主[①]。已是黄昏独自愁，更著[②]风和雨。
无意[③]苦[④]争春[⑤]，一任群芳[⑥]妒。零落成泥碾作尘，只有香如故。

作品简介

陆游，字务观，号放翁，越州山阴（今浙江绍兴）人。陆游一生酷爱梅花，将其作为一种精神的载体来倾情歌颂，梅花在他的笔下成为坚贞不屈的象征。

联系陆游的生平不难理解，词中的梅花正是作者自身的写照。陆游的一生可谓充满坎坷。他出生于宋徽宗宣和七年（1125年），正值北宋摇摇欲坠、金人虎视眈眈之时，幼年时他随家人过着动荡不安的逃亡生活，“儿时万死避胡兵”是当时的写照，这些经历在他幼小的心灵深处早早就埋下了爱国的种子。

成年后，他的仕途也并非一帆风顺，而是几起几落。当时南宋朝廷偏安一隅，对眼前的剩水残山颇为满足，并不想要恢复河山。陆游曾两次被罢官，皆因力主用兵。尽管陆游的爱国热情惨遭打击，但其爱国志向始终不渝。这在他的诗歌中得到了充分的体现。《卜算子·咏梅》正是以梅寄志的代表，那“零落成泥碾作尘，只有香如故”的梅花，正是诗人一生与恶势力不懈抗争、对理想坚贞不渝的形象写照。

注释

① 无主：自生自灭，无人照管和玩赏。② 更着：又遭到。更，副词，又，再。著（zhuó），同“着”，遭受，承受。③ 无意：不想，没有心思。④ 苦：尽力，竭力。⑤ 争春：与百花争奇斗艳。此处借指争权。⑥ 群芳：群花、百花，这里借指诗人政敌——苟且偷安的主和派。

诗化译文

驿站之外的断桥边，梅花孤单寂寞地绽放，无人过问。暮色降临，梅花无依无靠，已经够愁苦了，却又遭到了风雨的摧残。

梅花并不想费尽心思去争宠斗艳，对百花的妒忌与排斥毫不在乎。即使凋零了，被碾作泥土，梅花依然和往常一样散发出缕缕清香。

作品鉴赏

词的上半阕着力渲染梅花落寞凄清、饱受风雨之苦的情形；下半阕写梅花的品格及生死观。末句“零落成泥碾作尘，只有香如故”具有扛鼎之力，振起全篇，把前面梅花的不幸处境，包括风雨欺凌、凋残零落、成泥作尘的凄凉、衰飒、悲戚，一股脑儿抛到九霄云外。作者从民族国家的利益出发，发出生命的表白，悲忧中透出一种坚贞的自信。词人借梅言志，曲折地写出险恶仕途中坚持不媚俗、不屈邪、忠贞不渝的情怀与抱负。这首咏梅词通篇未见“梅”字，却处处传出“梅”的神韵，且作者以梅自喻，物我融一。

陆游是伟大的爱国主义诗人，他以饱满的爱国热情，谱写了一曲曲爱国主义诗篇，激励着一代又一代人，真可谓“双鬓多年作雪，寸心至死如丹”。

三、《定风波·莫听穿林打叶声》赏析

定风波·莫听穿林打叶声

（北宋）苏轼

三月七日，沙湖[①]道中遇雨。雨具先去，同行皆狼狈，余独不觉，已而遂晴，故作此词。

莫听穿林打叶声，何妨吟啸[2]且徐行。竹杖芒鞋[3]轻胜马，谁怕？一蓑烟雨任平生[4]。

料峭[5]春风吹酒醒，微冷，山头斜照却相迎。回首向来萧瑟处，归去，也无风雨也无晴[6]。

作品简介

苏轼，字子瞻，号东坡居士，北宋文学家，豪放派代表人物。这首记事抒怀之词作于公元1082年春，当时是苏轼因“乌台诗案”被贬为黄州（今湖北黄冈）团练副使的第三个春天，他与朋友出游时，风雨忽至，朋友深感狼狈，他却毫不在乎，泰然处之，吟咏自若，缓步而行。

注释

① 沙湖：地名，在黄州城东南三十里。② 吟啸：吟咏长啸。③ 芒鞋：草鞋。④ 一蓑（suō）烟雨任平生：披着蓑衣在风雨里过一辈子也处之泰然。蓑，蓑衣，用棕制成的雨披。⑤ 料峭：微寒的样子。⑥ 也无风雨也无晴：风雨天气和晴朗天气是一样的，没有差别。

诗化译文

三月七日，在沙湖道上赶上了下雨，拿着雨具的仆人先前离开了，同行的人都觉得很狼狈，只有我不这么觉得。过了一会儿天晴了，就作了这首词。

不用在意那穿林打叶的雨声，不妨一边吟咏长啸着，一边悠然地行走。拄着竹杖，穿着草鞋感觉比骑马还轻便，有什么可怕的？一身蓑衣任凭风吹雨打，照样过我的一生。

春风微凉，将我的酒意吹醒，正觉得微微有些冷，山头的斜阳却恰好相迎。回头望一眼走过来遇到风雨的地方，回去吧，对我来说，既无所谓风雨，也无所谓天晴。

作品鉴赏

此词为遇雨抒怀之作。词人即景生情，全词语言诙谐。其中，“竹杖芒鞋轻胜马，谁怕？一蓑烟雨任平生”一句，传达出一种搏击风雨、笑傲人生的轻松、喜悦和豪迈之情。末句“回首向来萧瑟处，归去，也无风雨也无晴”饱含人生哲理，道出了词人从大自然的微妙一瞬中所获得的启示：自然界的雨晴既属寻常，社会人生中的政治风云、荣辱得失又何足挂齿？词人借雨中潇洒徐行的举动，表达出其虽处逆境屡遭挫折而不畏惧、不颓丧的倔强性格和旷达胸怀。

践美之行

方文山曾说：“宋词是最接近流行音乐的古文。”他创作的歌词“繁华声，遁入空门，折煞了世人。梦偏冷，辗转一生，情债又几本”“菊花残，满地伤，你的笑容已泛黄，花落人断肠，我心事静静淌。北风乱，夜未央，你的影子剪不断，徒留我孤单在湖面成双”等都借鉴了宋词中的词语或意境。请找出现代歌词中借鉴宋词的例子，或是学习《虞美人·春花秋月何时了》《水调歌头·明月几时有》《如梦令》的经典传唱作品，并在班会上进行表演。

第四节　元曲之美

寻美之旅

元曲古道

何曲强

苍老的藤纠缠于枯枝
褐色的皮剥落出绿色的盛夏
疤结处凝成关于太阳的图腾
树匝满一圈圈岁月的痕迹
……
木桥和长溪组成乡村亘古不变的饰物
陪伴炊烟和家人的生活
木屋里点燃昏黄的灯火
村姑用手捣碎一钵元曲
撒作满天的星光
照亮丈夫回家的路
然后，望一泓秋水
晶亮的目光倒映禾垛上的镰和汗滴
漫漫古道，这边是故乡，那边是他乡
瘦马嘚嘚地跑进西风
游子的心房溢满乡情

朝爱而去，朝自由而去，朝故乡而去
留下满路急切和希冀
马蹄扬起，不见来时的路途
枫叶灼烧孤单的灵魂
夕阳烫痛母亲的双眸
长亭，在十里之外、梦里之乡
古道漫漫，驮载许多别离和流浪
长亭，在十里之外、梦里之乡
枯草连天处
慈祥温暖的家园已显现

探美之源

元曲是散曲和杂剧的合称。其中，散曲是诗歌，属于文学体裁，是元代文学主体；杂剧是戏曲，元杂剧的成就和影响远远超过散曲。这里我们介绍的元曲主要指元散曲。

元曲是中华民族文化宝库中一枝灿烂的花朵，在思想内容和艺术成就上都体现出独有的特色，是我国文学史上一座重要的里程碑。

元曲有严密的格律定式，每一曲牌的句式、字数、平仄等都有固定的格式要求。虽有定格，但并不死板，元曲允许在定格中加衬字（即曲牌规定的格式之外另加的字），部分曲牌还可增句，押韵上允许平仄通押，与律诗绝句和宋词相比，有较大的灵活性。所以，有时同一曲牌的两首元曲字数却不一样（一般以同一曲牌中字数最少的一首为标准定格），就是这个缘故。

与唐诗宋词相比，元曲更为随意、通俗和灵活。唐诗宋词讲究平仄对仗，用错平仄对仗就不成诗词，元曲则允许平仄通押；诗词忌重韵，元曲却不忌；诗词一般不能随意加衬，元曲却可根据表意和歌唱需要增加衬字；诗词多用比兴，元曲则多用赋，即采用白描手法直陈其事，不留余韵，以淋漓尽致、直率刻露见长。

元曲的兴起对于我国民族诗歌的发展、文化的繁荣有着深远的影响和卓越的贡献，同其他艺术之花一样，元曲一出现就立即显示出旺盛的生命力。它不仅是文人咏志抒怀得心应手的工具，还为反映元代社会生活提供了人民群众喜闻乐见的崭新艺术形式。

析美之美

一、《天净沙·秋思》赏析

天净沙·秋思

（元）马致远

枯藤老树昏鸦①，
小桥流水人家②，
古道③西风瘦马④。
夕阳西下，
断肠人⑤在天涯⑥。

作品简介

马致远，号东篱（以示效陶渊明之志），是我国元代著名杂剧家、散曲家，与关汉卿、郑光祖、白朴并称“元曲四大家”，代表作有《汉宫秋》《青衫泪》等。

注 释

① 昏鸦：黄昏时归巢的乌鸦。昏，黄昏。② 人家：农家。此句写出了诗人对温馨家庭的渴望。③ 古道：已经废弃不堪的或年代久远的古老驿道（路）。④ 瘦马：骨瘦如柴的马。⑤ 断肠人：形容伤心悲痛到极点的人，此处指漂泊天涯、极度忧伤的旅人。⑥ 天涯：远离家乡的地方。

诗化译文

天色昏黄，一群乌鸦落在枯藤缠绕的老树上，凄厉哀鸣。
小桥下流水哗哗作响，小桥边庄户人家炊烟袅袅。
古道上一匹瘦马，顶着西风艰难前行。
夕阳渐渐失去光芒，从西边落下。
凄寒的夜色里，只有孤独的旅人漂泊在遥远的地方。

作品鉴赏

这首小令很短，一共只有五句、二十八个字，全曲无一个“秋”字，却描绘出一幅凄凉动人的秋郊夕照图，并且准确地传达出旅人凄苦的心境，作者由此被赞为“秋思之祖”。

《天净沙·秋思》虽然属于曲体，但实际上，在诸多方面都体现出中国古典诗歌的艺术特征。一是以景托情，寓情于景，在情景交融中构成一种凄凉悲苦的意境；二是使用众多意象来表达作者的羁旅之苦和悲秋之凄，使作品充满浓郁的诗情；三是善于加工提炼，用极其简练的白描手法，勾勒出一幅游子深秋远行图。因此，王国维在《人间词话》中称《天净沙·秋思》“深得唐人绝句妙境”。

二、《正宫·塞鸿秋》赏析

正宫·塞鸿秋（节选）

（元）郑光祖

雨余梨雪[①]开香玉，风和柳线摇新绿。
日融桃锦堆红树，烟迷苔色铺青褥。
王维旧画图，杜甫新诗句。
怎相逢不饮空归去[②]？

作品简介

郑光祖，字德辉，汉族，平阳襄陵（今山西襄汾县）人。他是元代著名的杂剧家和散曲家，所作杂剧在当时“名闻天下，声振闺阁”。除杂剧外，郑光祖还写散曲，有小令六首、套数二套流传。

注 释

① 梨雪：像雪一样白的梨花。② 怎相逢不饮空归去：《增广贤文》中有“相逢不饮空归去，洞口桃花也笑人”之句，表达了作者及时行乐、享受当下的洒脱之情。

诗化译文

雨停了，玉雪般的梨花绽放，香气四散。风儿微微，柳树摇曳出嫩绿的长线。

在熙和的日光中，烂漫如锦的红色桃花，将树身堆得满满；在迷漾的雾气里，碧苔给大地铺上了一层青毡。

这美景曾入王维的画稿，杜甫也会为之吟作新篇。

我怎肯相逢了故人，而不开怀畅饮，白白地把家回转！

作品鉴赏

《正宫·塞鸿秋》是一曲春之歌，描绘了一幅原野春日图。作者以铺叙笔法展现初春原野的迷人景象，雪白的梨花在雨后绽放，柔嫩的新柳在春风中摇曳，红霞般的桃花分外耀眼，远处的青草地一望无际。作者深知再美的语言也写不尽春光的美好。于是，他写了四句便戛然而止，只能用“王维旧画图，杜甫新诗句”来概括他对春天的赞美。这无疑是非常明智的艺术选择。最后一句“怎相逢不饮空归去？”将抒情主人公的形象推到读者面前，让人感受到作者对大自然的热爱和尽情享受大自然的乐观与洒脱。

践美之行

选择一个季节中具有代表性的意象，仿照马致远的《天净沙·秋思》，写一首小令来表达你的心情，并在全班同学面前朗诵表演。

例如：

沙滩贝壳浪花，
潮声笑语脚丫，
秋风海鸟灯塔。
大海沙畔，
弄潮儿在玩耍。

素质园地

重温红色经典，谱写时代新篇章

“红色经典”是继古典文学艺术经典和中国现当代文学艺术经典之后，在中国社会的现代化进程中，与中国特色社会主义事业有紧密联系的文学作品。中国共产党百年征程，成为文艺创作取之不尽的源泉。

杨沫撰写的长篇小说《青春之歌》于1958年出版，是中国当代文学史上第一部描述革命知识分子成长史的优秀长篇小说。作品以故事传达思想，以人物体现精神，以细节呈现历史，以情感唤起共鸣，60余年来，始终回响在几代中国人的青春岁月里。由小说改编的同名电影同样也具有深远影响，时至今日依然闪耀着青春和理想的光辉（见图4-1）。

图4-1 《青春之歌》电影剧照

《青春之歌》以新民主主义革命为历史背景，通过描写女主人公林道静从一名普通青年到走上革命道路的成长历程，真实地再现了在中华民族到了最危险的时候，知识分子群体的觉醒和斗争，表现了一代青年知识分子在党的领导下迅速成长，以青春和热血谱写了一曲动人的革命青春之歌。作品用鲜活的人物形象和平凡的生活材料表现出崇高的精神和不平凡的世界，生动传神地表达了中国共产党人的理想信念、为人民谋幸福和为民族谋复兴的责任与担当（见图4-2）。

每一代青年人都有自己的使命和担当。今天，我们重读这部红色经典，不忘来路，珍惜当下。让我们谨怀“清澈的爱，只为中国”之心，一同谱写新时代壮美的“青春之歌”。

图4-2 《青春之歌》歌剧

5

第五单元　智慧的火花：科技美

单元导读

科技美是指在科学技术创造的过程和结果中能带给人精神快感的各种美的元素。当一件物品被创造出来，或其制作过程中展示出十分巧妙、完美的细节，或能够给使用者带来便利时，人们就会获得成就感、满足感、喜悦感等美感体验。科技美广泛地存在于农学、天文学、数学、医学等科学研究与技术应用领域，既散发着真理的光芒，又展现了美的光辉。

第一节 科学之美

寻美之旅

东汉时期的张衡是中国著名的天文学家、发明家、地理学家，他在继承前人成果的基础上，不断钻研，于公元117年造出了成就空前的铜铸浑天仪。浑天仪从外到内分为几层均可运转的圆圈，各层圆圈分别刻着南北极、黄赤道、二十四节气、二十八星宿、星辰、日月、五纬（即金星、木星、水星、火星和土星）等。仪上附着两个用于计时的漏壶，壶底有孔，漏壶滴水带动浑天仪的齿轮系统，进而推动圆圈按计时刻度慢慢转动，以此来模拟天体运动。这样，就可以准确地反映天象变化了。可惜这座精巧的浑天仪在西晋战乱中失传了。

中国现存最早的浑天仪制造于明朝，现陈列于南京紫金山天文台，如图5-1所示。此仪结构稳固，铸造精美，能够向人们呈现天体运行的秩序美，是重要的科技文物，也是珍贵的工艺杰作。

图5-1　南京紫金山天文台的浑天仪

探美之源

科学美源于自然，又高于自然。它不是大自然外在的景观美，而是潜藏在景观美之中的内在理论美。景观美可以被感官直接感知，而科学美需要人们对隐藏在自然界的内在理论进行长期的观察、研究后才能被感知。由此可知，科学美是指科学技术或成果带给人们的知识内容、结构形式、方法原理等方面的理性美，以及科学探索过程中的精神美。感受科学美，需要具备较高的科学素养和丰富的想象力，只有这样才能体会科学的精确美、逻辑美、抽象美、统一美和简洁美。

一、天文历法

中国传统天文历法的精确美、逻辑美和抽象美在天文仪器、日食观测与阴阳历法方面得以充分体现。

1. 天文仪器

在古代，人们非常重视物候和农时，通常采用一些仪器来观测天象，以准确地把握物候和农时规律。在观测天象时，人们使用最早、沿用最久的测量仪器是圭表，如图5-2所示。圭是正南正北方向平置的尺，表是立在地上的标杆，二者相互垂直。人们通过记录每天正午时圭面上表影的长度，测量、比较、标定日影的周日、周年变化，进而制定历法。

我国最重要的圭表测量遗址是河南登封的周公测景台，相传这里是周公测日影之处。周公测景台通高3.91米，由石圭和石表两部分组成，俗称“无影台”，又名“八尺表”，是中国古代测量日影、验证时令、计年的仪器。该测景台用青石制成，石柱为表，台座为圭，表的顶端为屋宇式盖顶，南刻“周公测景台”字样，如图5-3所示。周公测景台为以后几代所沿用，元朝郭守敬还在该测景台北约20米处建造了永久性的观星台，对原有的圭、表进行了改进，增设了能用来测量月亮位置的“窥几”。

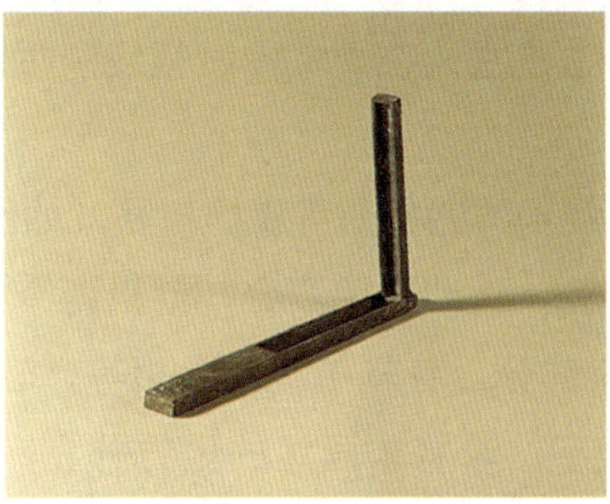

图5-2　圭表

图5-3　周公测景台

我国早期的圭表曾与漏壶配合使用。漏壶又称“滴漏”“刻漏”，是中国古代的一种计时仪器。目前发现的早期漏壶大多属于汉代实物（见图5-4）。漏壶里插有一根标杆，称为“箭”，用于指示时刻，箭下用一只舟承托，使之浮在水面上。在使用时，漏壶内的水会从水管内逐渐滴出，浮箭随之下沉。人们可以根据浮箭刻度观察时间的变化。

早期漏壶滴水不均，容易产生计时误差。为了解决这一问题，人们发明了多级漏壶，即在原来漏壶上增加漏壶，用上壶的水量补充下壶的水量，以实现稳定水量的效果。国家博物馆所藏的元代延祐铜漏壶，铸造于公元1316年，高264.4厘米，由日壶、月壶、星壶、受水壶四壶组成，置于阶梯式座架上，如图5-5所示。受水壶盖中央插有一把长66.5厘米的铜尺，上刻有十二个时辰。铜尺前插木制浮箭，木箭下端是一块木板，称为浮舟。受水壶中的水逐渐增加，浮舟便托起木箭缓缓上升。将木箭的顶端与铜尺的刻度进行对照，就可知当时的时间。除去受水壶不计，这件漏壶是三级漏的标本。它的水压稳定，滴漏均匀，计时更精确。

图5-4　汉代铜漏壶

图5-5　元代延祐铜漏壶

日晷又称“日规”，是古代人们利用日影测量时辰的一种计时仪器，通常由晷针（表）和晷面（带刻度的表座）两部分组成，如图5-6所示。其原理是根据太阳的投影方向来测定并划分时刻。利用日晷计时的方法是古人在天文计时领域的重大发明，这项发明被沿用了几千年。

国家博物馆所藏托克托日晷，是中国现存最早的完整而可靠的日晷，如图5-7所示。此晷边长27.4厘米，晷面中央有一圆形小孔，以此孔为圆心，刻出两个同心圆，内圆与外圆中间刻69条辐射线，占去圆面的大部分，各辐射线夹角相等，辐射线与外圆的交点上钻小孔，孔外是1～69的汉篆数字。若将未画线的地方补充完整，则刚好将圆平均分成100份，正与一日百刻数目相当。漏壶的流速可以通过日晷加以校准。

图5-6　日晷

图5-7　托克托日晷

2. 日食观测

日食（见图5-8）是天文奇观。历代君王都非常重视日食现象，设专门官职观测日食。观测日食是验证历法优劣的重要依据，历代天文学家采用各种方法观测日食并做了相关记录。从春秋到清末，我国关于日食的记录很多，为现代日食观测提供了宝贵的资料。

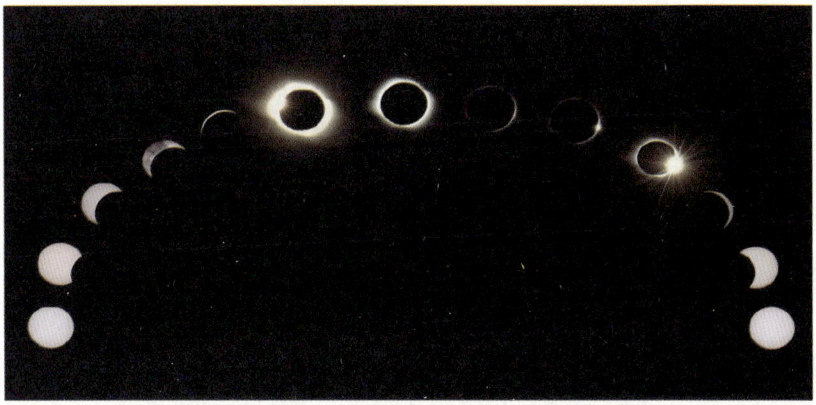

图5-8　日食

古代观测日食一般用肉眼，这种观测方法不但伤眼睛，而且测量的数据也不准确。后来天文官发明了各种方法间接观测日食。例如，西汉时天文官采用水盆法观测日食，宋代天文学家用油盆观测日食。日食记录自汉代起就包括以下内容：日食时太阳的位置；日食的起讫时刻（即开始和结束的时间）和全部见食时间；食分，即太阳被遮蔽的程度；初亏（即日食开始的时刻）所起方位。这些内容也是历法推算必须包含的内容。

日食观测为制定天文历法提供了重要依据，古代历法的推算越来越精确，与古人长期认真仔细的日食观测是分不开的。

3．阴阳历

阴阳历是人们兼顾月亮绕地球的运动周期和地球绕太阳的运动周期而制定的历法。阴阳历的主要内容包括历年长度、历月长度及朔望月、以“二十四节气”定月和置闰、干支纪历等。

阴阳历的历年长度以回归年为准，每年365.25日，历月长度以朔望月为基准，大月30天，小月29天。朔望月是月球绕地球公转的平均周期。我国古代先民把月亮圆缺的一个周期称为一个“朔望月”（见图5-9），把完全看不见月亮的一天称为“朔日”，即农历每月的初一；把月最圆的一日称为“望日”，即农历每月的十五或是十六。

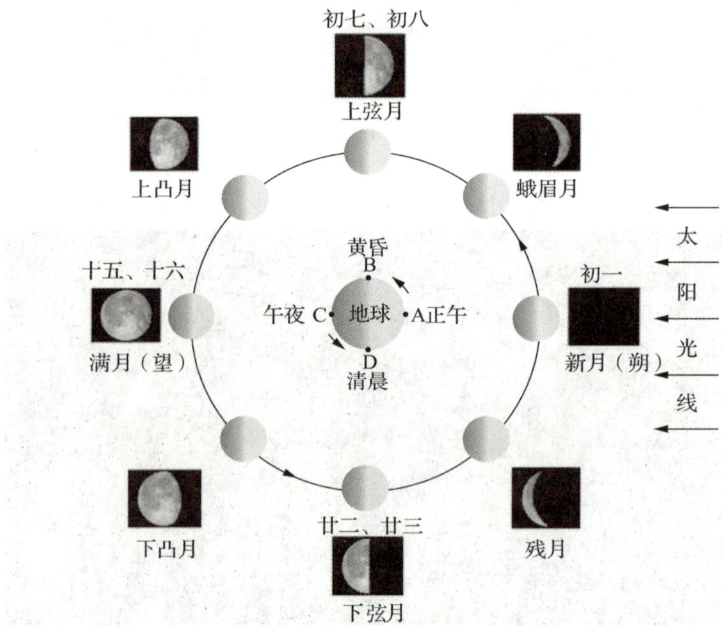

图5-9　朔望月

阴阳历的年以回归年为依据，但回归年与朔望月的周期无法协调一致，所以阴阳历便通过增置“闰月”的方法来调节“年”与“月”两个自然周期，其调节依据为二十四节气。

古人根据太阳一年内的位置变化，把一年分成24段，分列在12个月中，以反映季节、气温、物候等变化情况，即二十四节气。在二十四节气中，春季分为立春、雨水、惊蛰、春分、清明、谷雨；夏季分为立夏、小满、芒种、夏至、小暑、大暑；秋季分为立秋、处暑、白露、秋分、寒露、霜降；冬季分为立冬、小雪、大雪、冬至、小寒、大寒，如图5-10所示。

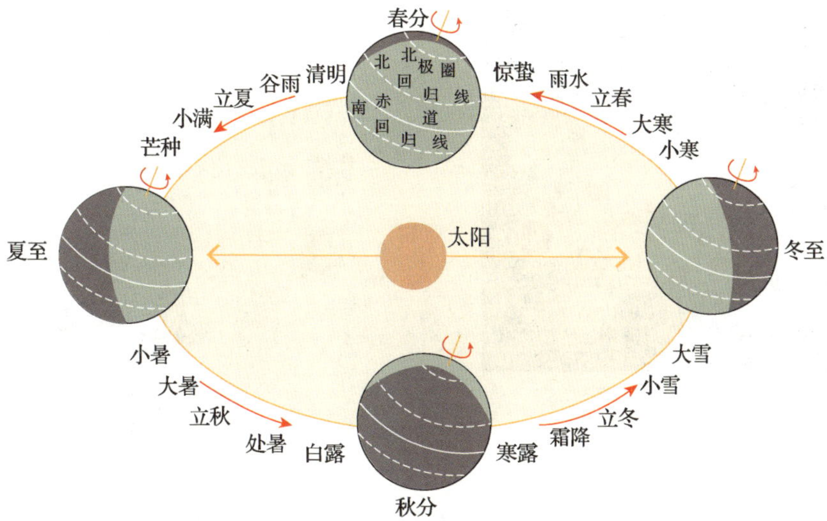

图5-10　二十四节气

二十四节气较为准确地反映了季节的变化，可用于指导农事活动，影响着千家万户的衣食住行。它将天文、农事、物候和民俗等巧妙结合，衍生了大量与之相关的岁时节令文化，如“立春”“冬至”“清明踏青”等一些重要节日和趣味盎然的民俗。时至今日，节气依然在劳动人民的生产生活中发挥着重要作用。

中国阴阳历的纪历方法为“干支纪历”，即采用天干地支标记年、月、日、时。天干地支是中国独特的发明创造，简称“干支”。十天干为“甲、乙、丙、丁、戊、己、庚、辛、壬、癸”，十二地支为“子、丑、寅、卯、辰、巳、午、未、申、酉、戌、亥”，如图5-11所示。

十天干和十二地支依次相配，组成如甲子、乙丑、丙寅……癸亥等60对组合。古人以此作为年、月、日、时的序号，周而复始，循环使用。例如，小说《冯婉贞》中记载：“咸豐庚申，英法联军自海入侵。”其中的“咸豐（咸丰）”为皇帝的年号，“庚申”为干支纪年。

中国干支纪年中的“地支”还与十二生肖相呼应（见图5-12），依次为子鼠、丑牛、寅虎、卯兔、辰龙、巳蛇、午马、未羊、申猴、酉鸡、戌狗、亥猪。例如，农历2012年为壬辰年，“辰”对应“龙”，故2012年也称农历龙年。

精美的天文仪器、持之以恒的日食观测和精确奇妙的阴阳历法，对人们安排生产生活及各项社会活动具有重要的指导意义，充分展示了科学仪器、科学方法和科学知识的精确美、逻辑美和抽象美。

图5-11　天干地支

图5-12　地支生肖

二、数学成就

我国是四大文明古国（即古巴比伦、古埃及、古印度和古中国）之一，我们的祖先在渔猎农事活动中最先接触到了计算与测量，并在这方面积累了大量的知识。例如，在万里长城和大运河的建造过程中，积累了大量的几何测量、数字计算和土木工程方面的知识，并将其应用到其他相关领域。在计算与测量的知识中，具有代表性的研究成果有十进制、割圆术、勾股术等。

1．十进制

中国数学古称“算学”，侧重于解决实际问题。与其他国家数学相比，中国数学自成体系，取得了许多世界一流的研究成果。

早在殷商时期，甲骨文中就出现了数字（见图5-13），当时已能够用一、二、三、四、五、六、七、八、九、十、百、千、万13个数字，记下十万以内的任何自然数。这表明早在商代，中国已使用了十进制。

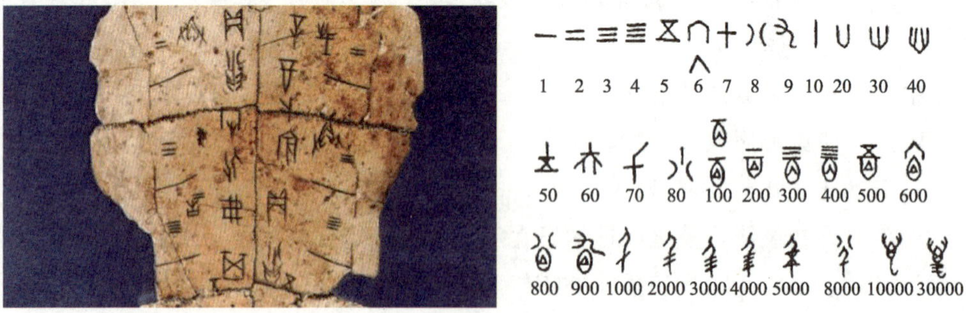

图5-13　甲骨文中的计数样式

十进制的计数法是古代最先进、最科学的计数法，对世界科学和文化的发展有着不可估量的作用。春秋时期出现的正整数乘法歌诀“九九歌”，是十进制计数法与中国语言文字相结合的结晶。例如，“二二得四”“九九八十一”，这些耳熟能详的数字歌诀，在当时已经成为数学普及和发展的基础之一，一直延续至今。

2. 割圆术

割圆术是不断倍增圆内接正多边形的边数以求取圆周率的方法，是我国古代算学方面的又一杰出成就。魏晋时期的数学家刘徽（见图5-14）在其名作《九章算术注》中提出了极限思想，并发明了“割圆术”这一新的数学方法。刘徽指出，圆内接正多边形的边数无限增加，该正多边形的周长就无限逼近圆周长，最终他计算出圆周率为3.141 6。南北朝时期的祖冲之（见图5-15）与其子在此基础上，计算出圆周率在3.141 592 6与3.141 592 7之间，首次将圆周率精确到小数点后7位。直到一千多年后，阿拉伯数学家阿尔·卡西才求出圆周率更精确的数值。

图5-14　刘徽

图5-15　祖冲之

3. 勾股术

勾股术也就是勾股定理，其运算思想主要是应用勾股定理和直角三角形相似的各种比例关系，测量和计算“高、深、广、远”，对后世产生了重要影响。勾股术所涉及的绝大多数内容是与当时的社会生活密切相关的。例如，《九章算术》中有这样一道题：“今有池方一丈，葭生其中央，出水一尺。引葭赴岸，适与岸齐。问水深、葭长各几何？”印度古代也有著名的“莲花问题”，除了数据与《九章算术》中“葭生中央问题”不同，其余完全相同，但要比中国的勾股术晚了一千多年。

十进制、割圆术和勾股术，展示了中国人的智慧，为人们解决实际问题带来了便利，显示了数学知识独有的逻辑美和抽象美。

三、中医养生

中医是中国古人创造的传统医学，它以阴阳五行作为理论基础，将人体看成气、形、神的统一体，通过“望闻问切”诊断方法，探求病因、病性、病位，分析病机及人体内五脏六腑、经络关

中医

节、气血津液的变化，进而得出病名，制订汗、吐、下、和、温、清、补、消等方案，结合中药、针灸、推拿、按摩、拔罐、气功、食疗等多种治疗手段，使人体达到阴阳调和的状态，从而恢复健康。

1. 望闻问切

望、闻、问、切是中医诊察疾病的四种方法，又称为“四诊”。四诊是搜集临床资料的主要方法，也是获得病情信息的手段。

望诊是指通过视觉观察患者外部神、色、形、态及各种排泄物来断疾的方法。望诊包括一般望诊和舌诊两部分。一般望诊包括望神察色、望形态、望五官等。其中，望神察色是指通过观察患者的精神神态、面部颜色和光泽来诊察病情；望形态是指通过观察患者形体的强弱胖瘦、体质形态和异常表现来诊察病情；望五官是指通过观察患者五官来了解五脏功能的盛衰情况。舌诊是指通过观察舌头的形态、色泽、润燥等情况来辅助诊断病情，包括望舌质和望舌苔。

闻诊是指通过听声音和嗅气味来诊察疾病的方法，即通过听患者说话、呼吸、咳嗽、呃逆、哮鸣等声响，嗅患者病体、病室散发的气味，来诊察病情。

问诊是指通过询问患者或其陪诊者来了解患者进而诊断病情的方法。问诊内容包括一般项目、主诉、现病史、既往史、家族史及个人生活史。

切诊包括脉诊和按诊两部分。脉诊又称“切脉”“诊脉”，是指用指腹按患者一定部位的脉搏（见图5-16），借以体察脉象变化，辨别脏腑功能盛衰、气血津精虚滞的一种方法。按诊是指在患者身体上的一定部位触、摸、推、按，以了解疾病的内在变化或体表反应，从而获得病情资料的一种诊断方法。按诊的部位通常为肌肤、手足、胸腹和穴位，能够在其他三诊的基础上进一步探明疾病的部位和性质等情况，应用范围较广。

图5-16 脉诊

中医为人们治疗疾病和健康养生带来了福音，其最大的特点是结合了生理学和心理学，而“望闻问切”正是这一特点的重要体现，展现了中医诊疗方法的系统美和辩证美。

2. 经络气血

经络是经脉和络脉的总称，其中经脉包括十二经脉、奇经八脉及连属部分，络脉包括十五别络、浮络和孙络，如图5-17所示。经络将人体的五脏六腑、四肢百骸、五官九窍、皮肉筋骨等联结成一个协调统一的有机整体，使人体各部的功能活动保持协调和相对稳定。

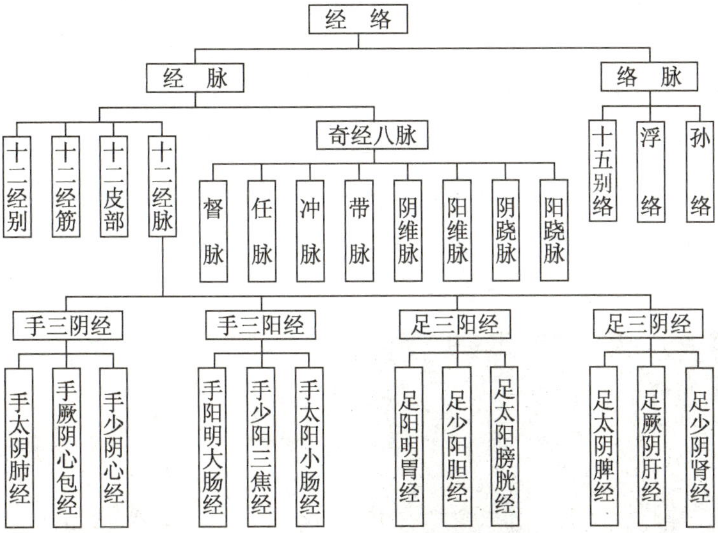

图5-17　人体经络分布图

经络在生理上的作用主要表现在三个方面：一是沟通表里上下，联系脏腑器官；二是通行气血，濡养脏腑组织；三是防御外邪，保卫机体。通俗地说，经络是气血运行的通道。

气血是气和血的总称，是构成人体的基本物质。气血在生成、运行和发挥作用方面，都有赖于心、肝、脾、肺、肾等脏器的功能活动。气属阳，主动，是人体热量的来源，对机体有温暖、熏蒸作用；血属阴，主静，对全身各脏腑组织器官起着提供营养和滋润的作用，以维持人体正常的生理活动。气与血之间的关系可以用“气为血之帅，血为气之母”概括（见图5-18）。

图5-18　气血关系示意图

通经络、补气血是中医治病、防病的根本，体现了有机的整体美和辨证的和谐美。

3. 特色疗法与养生

长久以来，历代医者利用聪明才智总结出了一些独具特色和优势的治疗和保健方法，如针灸、推拿、刮痧、拔罐、四时养生等。

针灸是针法和灸法的合称，也是一种“内病外治”的医术（见图5-19）。它利用经络、输穴的传导作用，激发经络之气，通经脉，调气血，使机体阴阳归于相对平衡，使脏腑功能趋于调和，进而达到治疗全身疾病或保健养生的目的。通过针灸，人们能达到经络通畅、气血调和的良好状态，从而感受到肌肉舒缓、身轻体健的舒畅美。

推拿也称“按摩”或“推拿按摩”，是指运用推、拿、按、摩、揉、捏、点、拍等形式多样的手法，作用于人体体表的特定部位或经络、穴位（见图5-20），以期达到疏通经络、推行气血、扶伤止痛、祛邪扶正、调和阴阳的一种治疗方法。推拿可用于治疗临床疾病，也可用于减肥、美容与养生保健。推拿后，肌肉放松、关节灵活，人们能获得消除疲劳、振奋精神的美感体验。

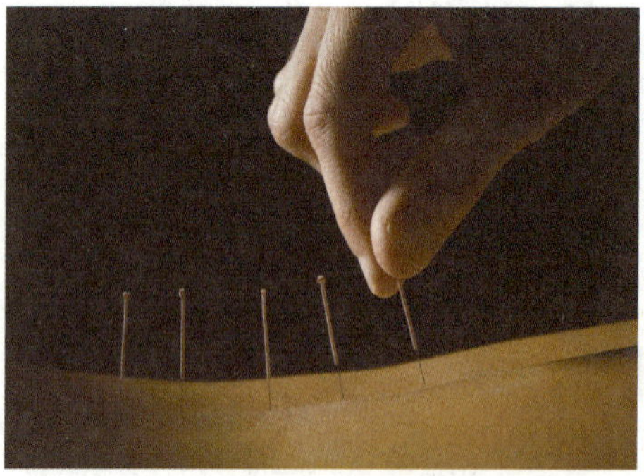

图5-19　行针

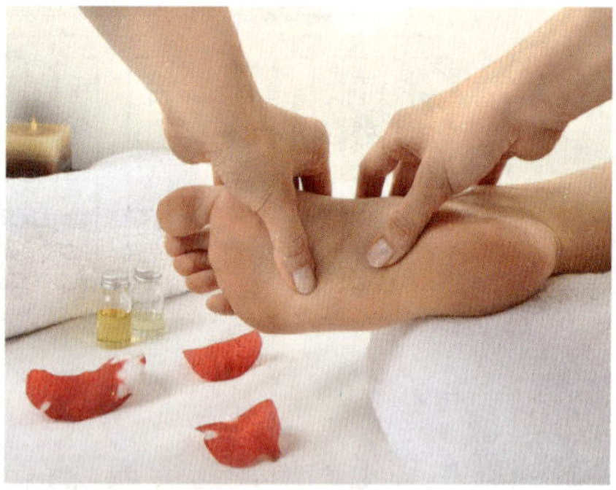

图5-20　足部推拿

刮痧是指以中医经络理论为指导，用边缘钝滑的器具（见图5-21）蘸取适量的润滑介质，在体表的一定部位或经络、穴位上反复刮动，使局部皮下出现粟粒状瘀斑或痧痕，以防治疾病的一种治疗方法。刮痧具有通经活络、行气止痛、祛邪排毒等作用，能给人们带来活血化瘀、开窍醒神、自然代谢的舒适享受。

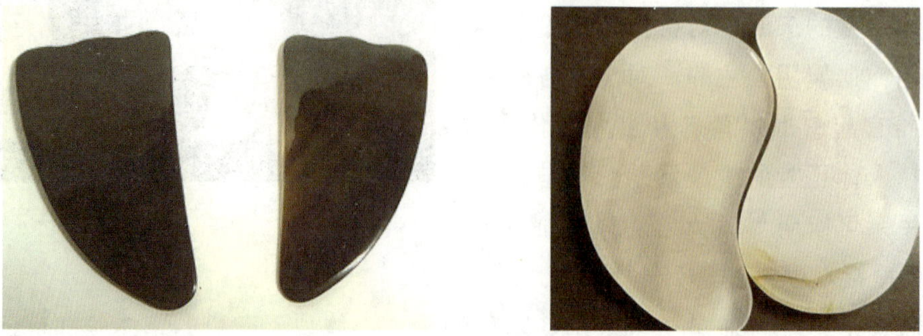

图5-21　刮痧板

拔罐又称“角法”，是指以罐为工具（见图5-22），利用燃火、抽气等方法产生负压，使之吸附于体表，造成局部瘀血，以达到通经活络、行气活血、消肿止痛、祛风散寒等效果的疗法。这种疗法既有治疗疾病的实用美，又有舒缓身心的适用美，能让人们获得轻松、愉快的享受。

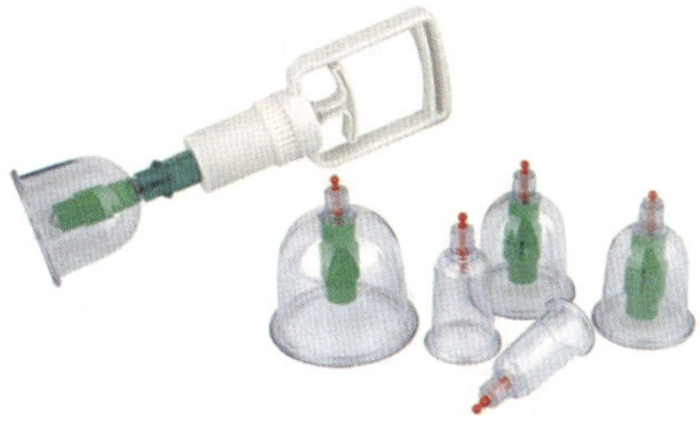

图5-22　拔罐瓶

四时养生是指顺应四时阴阳气候的自然变化而养生的方法。《黄帝内经》中指出“人以天地之气生，四时之法成”。意思是说，自然界四季的交替，昼夜晨昏的变化，都可能对人的生理产生直接影响。所以，养生的基本原则就是顺应自然，依据自然环境、四季气候的变化采取相应的养生方法（见图5-23）。例如，秋天气候转凉，阳气开始收敛，人们要早睡早起，收敛神气，尽量使自己的心志安宁；冬天为闭藏之季，万物秘藏，阴盛阳衰，人们宜晚睡晚起，不能过分张扬发散，要注意保暖，不要使阳气受损。

图5-23　四季养生

中国医术不仅可以治疗疾病，让患者免去身体上的痛苦，还能帮助人们通过养精神、调饮食、练形体、适寒温等各种方法去养生。中医养生可以说是一种综合性的强身益寿活动，能让人们体验到美意延年的和谐美与自然美。

二十八星宿是中国古代天文学家为观测日、月、五星（水星、金星、火星、木星、土星）的运行而划分的二十八个星区，用以说明日、月、五星的位置。二十八星宿源于古代先民对星辰的自然崇拜，是中国古代神话和天文学结合的产物。

二十八星宿形成东方青龙、西方白虎、北方玄武、南方朱雀的布局，可细分为以下四组，每组7个星宿。

（1）东方青龙七宿：以东方的角、亢、氐（dī）、房、心、尾、箕七个星宿形成龙的形象，如图5-24所示。

（2）西方白虎七宿：以西方的奎、娄、胃、昴（mǎo）、毕、觜（zī）、参七个星宿形成虎的形象，如图5-25所示。

图5-24　东方青龙七宿

图5-25　西方白虎七宿

（3）北方玄武七宿：以北方的斗、牛、女、虚、危、室、壁七个星宿形成一组龟蛇缠绕的形象，如图5-26所示。

（4）南方朱雀七宿：以南方的井、鬼、柳、星、张、翼、轸（zhěn）七个星宿形成鸟的形象，如图5-27所示。

图5-26　北方玄武七宿

图5-27　南方朱雀七宿

四象（天空中东南西北四大星区）和二十八星宿中的星象出没在天空中的时刻最初用于判定季节，后来广泛应用于天文、星占、星命、风水等领域。

践美之行

五禽戏是中国传统导引养生的一种重要功法。安徽亳州是五禽戏创始人华佗的故乡，也是五禽戏的传承基地。五禽戏发展至今，形成了不同的流派。安徽亳州现在主要有两种流派，分别是董文焕和刘时荣所传承的五禽戏。

2001年，国家体育总局健身气功管理中心成立后，委托上海体育大学迅速展开了对五禽戏的挖掘、整理与研究，并编写出版了《健身气功·五禽戏》。其动作编排按照《三国志》的虎、鹿、熊、猿、鸟的顺序，每戏十个动作，分别仿效虎之威猛、鹿之安舒、熊之沉稳、猿之灵巧、鸟之轻捷，力求蕴含“五禽”的神韵。

2006年，华佗五禽戏被批准为省级非物质文化遗产项目，2011年又被国务院批准列入第三批国家级非物质文化遗产项目。

请查找关于五禽戏的视频资料，组织一场以“五禽戏”为主题的活动，将班级成员分成5组，分别练习虎式、鹿式、熊式、猿式、鸟式的相应动作（见图5-28），感受五禽戏的古朴典雅之美。

图5-28　五禽戏

第二节 技术之美

寻美之旅

2022年4月，贵州G320线花鱼洞大桥（见图5-29）被国际桥梁大会（IBC）授予古斯塔夫·林德撒尔奖的金奖，该奖被誉为“桥梁界的诺贝尔奖”。

图5-29　贵州G320线花鱼洞大桥

G320线花鱼洞大桥位于贵州省清镇市内，全长约270米，于2019年2月20日开工，2021年6月29日建成通车，是贵州首座“提篮式”公路桥梁。大桥在原桥的基础上进行拆除重建，采用中国首创的“边建边拆”的改建方式，成为山区桥梁改建的典范。

花鱼洞大桥不仅满足了人民群众的出行需要，还有力促进了当地的经济建设。如今，大桥横跨于红枫湖碧波之上，成为一道亮丽的风景线，展现了中国高超的桥梁建设技术。

探美之源

技术美是指在制造、加工过程中应用了精湛的技术和精细的工艺，使得产品具有外在美和实用美。从形式方面看，技术美主要表现为工艺的精细；从内涵方面看，技术美主要表现为人们使用产品时的顺手与舒心。

一、牛耕技术

中国古代一直以农立国，古语常说“民以食为天”，历代统治者对农业生产的发展都是十分重视的。耒（lěi）和耜（sì）是最古老的农具，用于翻整土地、播种庄稼。耒由一根尖头木棍加上一段短横梁组成，下端是尖锥式，使用时把尖头插入土壤，用脚踩横梁使木棍深入，然后翻出。改进的耒有两个尖头或有省力曲柄（见图5-30）。

图5-30　使用双尖耒的人

耜是由采集时代过渡而来的原始独立农具，多为木制，也有石制、骨制或蚌制，形体不规则，多为近似树叶形或圆形的片状板，一边有刃口，另一边略带小柄，用以手握，如图5-31所示。其主要功能是挖土、掘土。

后来，耒和耜结合成为复式农具，称为“耒耜”。耒是耒耜的柄，耜是耒耜下端的起土部分，如图5-32所示。耒耜的发明提高了耕作效率，证明了古人对于农业生产工具的重视。有了耒耜，才有了真正意义上的“耕”和耕播农业。后来，随着农业生产的发展，人们又将耒耜发展为犁。

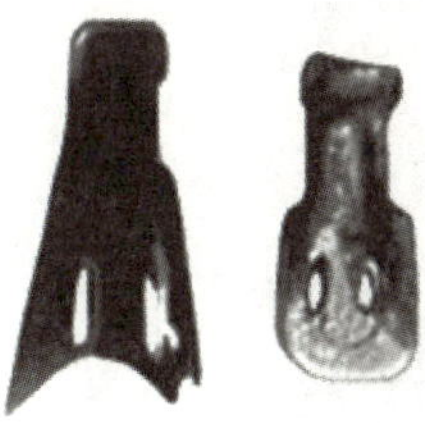

图5-31　耜

图5-32　耒耜

春秋战国时期，出现了牛耕。牛耕是指农夫一手扶犁，一手执鞭，通过扯拽缰绳来“指挥”牛的行进方向而进行耕作的方式，其主要特点是牛代替人拉犁。

秦汉时期，随着牛耕技术的普及，人们在犁的基础上又发明了耦犁（见图5-33）。这是一种由二牛牵引、三人操作的耕犁，其操作方法又称“二牛抬杠”。耦犁的犁铧（即安装在犁上用于破土的铁片）较大，增加了犁壁（即犁上用于翻土的部件），可同时进行深耕、翻土和培垄，大大提高了生产力。

图5-33　使用耦犁耕地（二牛抬杠）

牛耕技术，是技术美和劳动美结合的产物。相对于以往的耒耜耕地技术而言，牛耕技术进一步提高了生产力，令人们倍感轻松和喜悦，人们因此享受到了技术带来的美感体验。

二、陶器轮制技术

中国筑陶的历史始于新石器时代早期，当时人们用泥条盘筑法（即在一个平坦的黏土基底上，以黏土条逐渐向上盘绕来制造陶器的方法）制造陶器，这种方法劳动强度大，生产效率低，产品质量差（见图5-34）。

图5-34　用泥条盘筑法制造的陶器

在新石器时代晚期，我国很多地区已采用轮制技术制陶。轮制是一种用轮车制作陶器的方法。轮车的主要构件是一个木制圆轮，轮下有立轴，立轴下端埋于土内，上有枢纽，便于圆轮旋转。其制作步骤是人们将泥料放在轮车上，利用木制圆轮的旋转，用双手将泥料拉成陶器坯体，如图5-35所示。这种轮制技术的特点是所制陶器规整匀薄。龙山文化遗址的黑陶质地匀而薄，多是轮制的产物。

图5-35　陶器轮制

轮制法的发明是制陶技术的一大进步。人们采用这项技术制作的器物形体规整、厚薄一致，陶器质量得到很大提高，能给人们带来视觉美感和良好的使用体验。

三、活字印刷技术

活字印刷术是中国古代四大发明（即造纸术、活字印刷术、火药和指南针）之一。唐代，人们从刻印章中得到启发，发明了雕版印刷术。但是雕版印刷术存在着一字刻错则全版需要重新刻等费时、费工、费料和不易更改的缺陷。

活字印刷术

到了宋朝，印刷业发展到全盛时期。为了克服雕版印刷的缺陷，宋代毕昇发明了活字印刷术，如图5-36所示。沈括的《梦溪笔谈》中记载了活字印刷术的操作过程：先用胶泥做成一个个具有一定规格的毛坯，在一端刻上反体单字，用火烧硬，制成单个的胶泥活字。排字时，用一块带框的铁板做底托，上面敷一层用松脂、蜡和纸灰混合制成的药剂，然后把需要的胶泥活字排进框内，再用火烧烤药剂，使其将活字粘牢，药剂冷却凝固后即成版型。印刷的时候，只要在版型上刷上墨，覆上纸，加一定的压力就能印刷。印完以后，用火将药剂烤化，手轻轻一抖，活字就可以从铁板上脱落下来，以备下次使用。

图5-36　活字印刷术

活字印刷术的发明，是印刷史上一次伟大的工艺技术变革。其巧妙的设计和灵活的排版，能让人们在操作时得心应手，取得事半功倍的效果，进而在劳动中获得美的体验和享受。

析美之美

越王勾践剑（见图5-37）是春秋时期越国君主勾践所佩之剑，于1965年在湖北江陵望山一号楚墓出土。剑长55.7厘米，剑宽4.6厘米，剑身中脊起棱，正面近格处有"越王鸠浅，自作用剑"的鸟篆铭文。剑身布满了规则的黑色菱形暗格花纹，正面镶有蓝色琉璃，背面镶有绿松石。这把剑在墓中已经被水浸泡了二千五百余年，不但毫无锈蚀，而且依然锋利无比，闪烁着耀眼的青光，寒气逼人。

越王勾践剑的制造工艺达到了相当高的水平，主要体现在剑的成形技术、剑身的磨削技术、铭文的成形技术、绿松石镶嵌技术等诸多方面，反映了春秋时期卓越的青铜冶炼技术，是中国铸剑水平的缩影。

图5-37　越王勾践剑

践美之行

“国博讲堂”是中国国家博物馆面向社会开放的学术交流平台，它以“历史与艺术并重”为宗旨，邀请国内外著名专家学者发表精彩演讲，内容涵盖历史、艺术、文物考古等多个领域。

请同学们登录中国国家博物馆官网，进入“国博讲堂”栏目，观看青铜器、玉器或瓷器的相关视频，并选择一件器物写一篇器物赏析，谈一谈所选器物是怎样体现技术美的。

素质园地

顾诵芬：蓝天寄深情，为国铸“战鹰”

2021年11月3日，一年一度的国家科学技术奖励大会在北京举行。著名的飞机设计大师、两院院士顾诵芬获得了2020年度国家最高科学技术奖。这是中国科技界的最高荣誉，每年授予人数不超过2名。

顾诵芬作为歼8系列战斗机的主要设计师，开创了我国自主研发歼8战斗机的先河，被誉为“歼8之父”。事实上，他的故事远不止一架飞机，他用一生的时间见证和书写了航空救国、航空报国、航空强国（见图5-38）。

图5-38　工作中的顾诵芬

顾诵芬1930年出生于苏州，童年时遭遇日军飞机轰炸的经历使他意识到：中国人必须建造自己的飞机。对飞机的第一印象虽然沉重，但他对飞机的兴趣却越来越浓。以优异成绩毕业于交通大学航空工程专业后，顾诵芬参加工作接受的第一项挑战是我国首型喷气式飞机——歼教1的气动力设计。由于国外技术封锁，国内没有先例可循。听说北京航空航天大学图书馆有一份相关的国外文献，顾诵芬借了一辆旧自行车，天天晚上到北航查找抄录资料。

1964年，歼8飞机的研制被提上议程。顾诵芬先作为副总设计师负责飞机气动力设计，后期作为总设计师全面主持歼8研制工作。歼8系列飞机的研制，牵引构建了较为完善的航空工业体系，促进了冶金、化工、电子等工业的发展，顾诵芬也因此被誉为“飞机气动力设计第一人”。

“咏世德之骏烈，诵先人之清芬”，顾诵芬的名字取自西晋文学家陆机的名句。几十年来，顾诵芬两点一线、来去匆匆，生活简单、朴素低调。如今，这位风华正茂的航空英雄仍然活跃在第一线，关心着祖国航天事业的发展。

参考文献

[1] 王一川. 大学美育 [M]. 北京：北京师范大学出版社，2021.

[2] 黄高才. 大学美育 [M]. 北京：北京大学出版社，2018.

[3] 张建. 大学美育 [M]. 北京：高等教育出版社，2017.

[4] 沙家强. 大学美育十六讲 [M]. 北京：高等教育出版社，2019.

[5] 陈沛捷，黄斌斌，吴樱子. 大学美育 [M]. 北京：清华大学出版社，2022.

[6] 郑筱筠，黄妮妮，马仲吉. 大学美育教程 [M]. 苏州：苏州大学出版社，2021.

[7] 高荆梅，马蕾. 大学美育 [M]. 西安：西北工业大学出版社，2017.

[8] 杜卫. 美育学概论 [M]. 郑州：河南大学出版社，2013.

[9] 谢金苗. 大学美育 [M]. 西安：西安电子科技大学出版社，2022.

[10] 王一川. 美学原理 [M]. 2版. 北京：中国人民大学出版社，2021.